CBT

Degusta il Vero Sapore della Sous Vide! Scopri le Migliori Ricette per la Cottura a Bassa Temperatura. Bonus: Tempi e Temperature di Cottura

BIANCA CASSANO

Disclaimer:

Si prega di notare che il contenuto di questo libro è esclusivamente per scopi educativi e di intrattenimento. Ogni misura è stata presa per fornire informazioni accurate, aggiornate e completamente affidabili. Non sono espresse o implicate garanzie di alcun tipo. I lettori riconoscono che il parere dell'autore non è da sostituirsi a quello legale, finanziario, medico o professionale.

Sommario

INTRODUZIONE..9

CAPITOLO 1 - TEMPI E TEMPERATURE DI COTTURA A BASSA
TEMPERATURA...10

Agnello..10
Manzo e vitello 12
Maiale...13
Pesce molluschi e crostacei 14
Uova 14
Verdure e frutta...15

CAPITOLO 2 - RICETTE DI ANTIPASTI 16

CUBETTI DI SALMONE CON POMODORINI CONFIT E SALSA ALLA SENAPE
....16
CUBETTI DI SALMONE AL ROSMARINO CON CREMA DI YOGURT E
AVOCADO...18
CROSTINI AI GAMBERI 20
COCKTAIL DI GAMBERI 21

CAPITOLO 3 – RICETTE DI PRIMI..24

TAGLIATELLE CON PESCE SPADA POMODORINI E MELANZANE 24
PENNE ALLA BOLOGNESE...26
PENNE CON RADICCHIO E RAGÙ D'ANATRA 29
FUSILLI PANNA E GAMBERETTI ALLO ZAFFERANO 31
PACCHERI AL SUGO DI CALAMARI..33
SPAGHETTI AL SUGO DI ARAGOSTA 35
SPAGHETTI ALLA CARBONARA 37

CAPITOLO 4 – RICETTE DI SECONDI 40

Secondi di carne...40
FARAONA CON ARANCE E RIBES 40
FARAONA RIPIENA...42
STINCO DI MAIALE CON MARSALA E NOCI 43
FILETTO DI MAIALE AL PEPE VERDE E PORRI...................................45
FILETTO DI MAIALE CARAMELLATO...47
LONZA DI MAIALE IN AGRODOLCE...49

LONZA DI MAIALE ARROSTO CON CIPOLLE ALLA BIRRA..............................51
BRACIOLE DI MAIALE ALLA PAPRIKA 53
FILETTO DI MAIALE ALL'ARANCIA E LIMONE 55
LONZA DI MAIALE IN CROSTA DI PISTACCHI 57
ARROSTO DI MAIALE ALLA MENTA 58
STINCO DI MAIALE CON PERE E CONFETTURA DI CILIEGE....................60
SECONDI DI UOVA...62
FRITTATA CLASSICA DI CIPOLLE...62
SECONDI DI PESCE...64
CAPESANTE ALLO ZENZERO CON SEMI DI SENAPE..............................64
CAPESANTE MARINATE AL MELOGRANO CON GRANELLA DI NOCCIOLE..65
CAPESANTE CON POMODORI CONFIT E MAIONESE AL TONNO.............67
TONNO IN SALSA AGRODOLCE E SEMI DI SESAMO..............................69
FILETTO DI TONNO CON CREMA ALLO ZAFFERANO E PISTACCHI 71
FILETTO DI TONNO CON CREMA AI FUNGHI SAPORITA........................72
FILETTI DI MERLUZZO CON CAROTE ZUCCHINE E PEPERONI 74
MERLUZZO E ZUCCHINE CON SENAPE PICCANTE ALL' ARANCIA E CAPPERI
....76
FILETTI DI MERLUZZO CON CARCIOFI E POMODORINI 78
DENTICE MORBIDO CON INSALATA DI RADICCHIO E GRANELLA DI NOCI180
DENTICE ALLE MELE CON FINOCCHI ALL'ARANCIA E ALLA CURCUMA 82
FILETTO DI ORATA AL LIME E ZENZERO CON CREMA DI PISELLI E
SCALOGNO..84

CAPITOLO 5 - RICETTE DI CONTORNI **87**
ASPARAGI IN AGRODOLCE 87
CARCIOFI CON AGLIO E PREZZEMOLO 88
BARBABIETOLE CON SALSA ALLA SENAPE..90

CAPITOLO 6 - RICETTE VEGETARIANE..**92**
Cubetti di melanzane al limone e basilico...92
Pomodori e melanzane al pesto...93
Broccoli e spinaci saltati all'aglio e spezie 94

CAPITOLO 7 - RICETTE VEGANE...**97**
INSALATA DI BARBABIETOLE SCIROPPATE CON TOFU E NOCI.................97
PEPERONATA CON POMODORINI..98
VASETTI DI CIPOLLA ROSSA IN AGRODOLCE 99

CAPITOLO 8 - RICETTE DI DESSERTS **102**
PESCHE SCIROPPATE CON VINO MOSCATO....................................102
—

MOUSSE DI FRAGOLE SCIROPPATE E MERINGA.......................... 103
MOUSSE ALLO YOGURT CON SALSA AI MIRTILLI ROSSI 105
MOUSSE AL CIOCCOLATO FONDENTE... 106
MOUSSE ZABAIONE E ZENZERO.. 107

CONCLUSIONI.. 109

Introduzione

Da sempre, l'ambiente culinario si arricchisce di novità e sperimenta diversi modi per cucinare le nostre ricette preferite.

In questo libro ci occuperemo di una tecnica di cottura un po' diversa dal solito.

Questa tecnica non è del tutto nuova, in quanto, è già stata sperimentata precedentemente da alcuni chef francesi negli anni 70.

Questo tipo di cottura prende il nome di *sous vide* e in Italia viene denominata letteralmente cottura a bassa temperatura (o sottovuoto).

Adesso non più un metodo di cottura *d'élite,* bensì un modo nuovo, e forse ancora sconosciuto da molti, di cucinare.

Sarà l'obiettivo di questo testo fornirvi tutte le informazioni possibili e necessarie per approcciarvi a questo metodo di cottura.

Capitolo 1 - Tempi e temperature di cottura a bassa temperatura

Dopo aver parlato delle basi della cucina a bassa temperatura e della strumentazione necessaria per poterla realizzare, vi mostreremo adesso delle tabelle dove verranno indicati tempi e temperature ideali per la cottura di specifici alimenti.

Questa guida vi sarà molto utile qualora decidiate di variare le ricette o cucinare un singolo elemento (o elementi separati) a bassa temperatura.

Agnello

CARRÉ DI AGNELLO	Temperatura 52 gradi a sangue	Tempo di cottura da 1ora a 2 ore
	55 gradi media cottura	Tempo di cottura da 2 ore a 3 ore
	60 gradi ben cotta	Tempo di cottura da 1ora a 3 ore
BRACIOLE DI AGNELLO	Temperatura 52 gradi a sangue	Tempo di cottura da 1ora a 2 ore
	55 gradi media cottura	Tempo di cottura da 2 ore a 3 ore
	60 gradi ben cotta	Tempo di cottura da 1ora a 3 ore
FILETTO DI AGNELLO	Temperatura 52 gradi a sangue	Tempo di cottura da 1ora a 2 ore

	55 gradi media cottura	Tempo di cottura da 2 ore a 3 ore
	60 gradi ben cotta	Tempo di cottura da 1ora a 3 ore
LOMBATA DI AGNELLO	Temperatura 52 gradi a sangue	Tempo di cottura da 1ora a 2 ore
	55 gradi media cottura	Tempo di cottura da 2 ore a 3 ore
	60 gradi ben cotta	Tempo di cottura da 1ora a 3 ore
BISTECCA DI LOMBATA	Temperatura 52 gradi a sangue	Tempo di cottura da 1 a 2 ore
	55 gradi media cottura	Tempo di cottura da 2 a 4 ore
	60 gradi ben cotta	Tempo di cottura da 2 a 3 ore
COSCIA D'AGNELLO	Temperatura 52 gradi a sangue	Tempo di cottura da 1 giorno a 2 giorni
	55 gradi media cottura	Tempo di cottura da 2 giorni a 3 giorni
	60 gradi ben cotta	Tempo di cottura da 1 giorno a 3 giorni
SPALLA D'AGNELLO	Temperatura 52 gradi a sangue	Tempo di cottura da 1 giorno a 2 giorni
	55 gradi media cottura	Tempo di cottura da 1 giorno a 2 giorni
	60 gradi ben cotta	Tempo di cottura da 18 ore a 36ore

BRACIOLA DI COSCIA DI AGNELLO	Temperatura 55 gradi al sangue	Tempo di cottura da 18 ore a 36 ore
	Temperatura 60 gradi media cottura	Tempo di cottura da 18 ore a 36 ore
COSTATA D'AGNELLO	Temperatura 55 gradi al sangue	Tempo di cottura da 18 ore a 36 ore
	Temperatura 60 gradi media cottura	Tempo di cottura da 18 ore a 36 ore
PETTO DI AGNELLO	Temperatura 55 gradi al sangue	Tempo di cottura da 20 ore a 28 ore
	Temperatura 60 gradi media cottura	Tempo di cottura da 20 ore a 28 ore
	Temperatura 74 gradi ben cotta	Tempo di cottura da 20 ore a 28 ore
COSTOLETTE DI AGNELLO	Temperatura 55 gradi al sangue	Tempo di cottura da 20 ore a 26 ore
	Temperatura 60 gradi media cottura	Tempo di cottura da 22 ore a 26 ore
	Temperatura 74 gradi ben cotta	Tempo di cottura da 22 ore a 26 ore

Manzo e vitello

MANZO E VITELLO DI PRIMA SCELTA BISTECCHE FILETTO, COSTATA, BRACIOLA, FESONE DI SPALLA, OSSOBUCO		
COTTURA AL SANGUE	Temperatura 55 gradi	Tempo di cottura da 30 minuti ad un'ora e 30 in base alla grandezza della carne

---

12

COTTURA AL MEDIA	Temperatura 57 gradi	Tempo di cottura da 30 minuti ad un'ora e 30 in base alla grandezza della carne
BEN COTTA	Temperatura 60 gradi	Tempo di cottura da 30 minuti ad un'ora e 30 in base alla grandezza della carne

MANZO PER COTTURE LUNGHE, TAGLI RICCHI DI TESSUTO CONNETTIVO E CARTILAGINI		
GUANCIA	Temperatura 68 gradi	Tempo di cottura da 20 a 24 ore
LINGUA, CAPPELLO DEL PRETE STINCO POSTERIORE	Temperatura 86 gradi	Tempo di cottura da 12 ore a 18 ore

Maiale

FILETTO	Temperatura 56 gradi	Tempo di cottura da 1 ora e 30 minuti a 3 ore
BRACIOLE	Temperatura 64 gradi	Tempo di cottura da 3 ore a 8 ore
ARROSTO	Temperatura da 68 gradi a 72 gradi	Tempo di cottura da 8 ore a 24 ore
COSTINE	Temperatura da 68 gradi a 72 gradi	Tempo di cottura da 12 ore a 18 ore
PANCETTA	Temperatura 72 gradi	Tempo di cottura da 20 ore a 24 ore

Pesce molluschi e crostacei

PESCE. SPADA, BRANZINO, ORATA, SALMONE E TROTA	Temperatura di cottura da 45 a 52 gradi	Tempo di cottura da 12 minuti a 1 ora
TONNO	Temperatura di cottura da 48 a 55 gradi	Tempo di cottura da 10 a 15 minuti
ASTICE E ARAGOSTA	Temperatura di cottura 55 gradi	Tempo di cottura da 10 a 20 minuti
CAPPESANTE	Temperatura di cottura da 51 a 54 gradi	Tempo di cottura da 12 a 30 minuti
SCAMPI	Temperatura di cottura 48 gradi	Tempo di cottura da 10 a 15 minuti
GAMBERI, MAZZANCOLLE	Temperatura di cottura da 48 a 55 gradi	Tempo di cottura da 10 a 25 minuti
CALAMARI, TOTANI, SEPPIE	Temperatura di cottura da 55 a 65 gradi	Tempo di cottura da 7 a 25 minuti

Uova

UOVA CON ROSSO SUPER FLUIDO	Temperatura 62 gradi	Tempo di cottura 1 ora
UVO CON ROSSO VISCOSCOSO COME MIELE	Temperatura 63 gradi	Tempo di cottura 1 ora

UOVO SODO	Temperatura 68 gradi	Tempo di cottura 1 ora

Verdure e frutta

TUBERI: PATATE, RAPE, BARBABIETOLE	Temperatura di cottura 84 gradi	Tempo di cottura da 45 minuti a 2 ore
ASPARAGI, BROCCOLI MELENZANE, CIPOLLE, CAVOLI, FINOCCHI, CAVOLFIORE	Temperatura di cottura 84 gradi	Tempo di cottura da 1 a 4 ore
FAGIOLI	Temperatura di cottura 84 gradi	Tempo di cottura da 6 a 24 ore
CECI	Temperatura di cottura 84 gradi	Tempo di cottura da 6 a 9 ore
LENTICCHIE	Temperatura di cottura 84 gradi	Tempo di cottura da 1 a 3 ore
RABARBARO	Temperatura di cottura 60 gradi	Tempo di cottura da 30 a 60 minuti
MELA, PERA, PESCA. ALBICOCCA, FRUTTI DI BOSCO, MANGO, FRAGOLE, CILIEGIE, PAPAYA	Temperatura di cottura 85 gradi	Tempo di cottura da 7 a 50 minuti

Capitolo 2 - Ricette di antipasti

CUBETTI DI SALMONE CON POMODORINI CONFIT E SALSA ALLA SENAPE

TEMPO DI PREPARAZIONE: 20 minuti + 20 minuti di marinatura
TEMPO DI COTTURA: 12 minuti
CALORIE: 430 a porzione
MACRONUTRIENTI: CARBOIDRATI 14 GR; PROTEINE 38 GR; GRASSI 16 GR

INGREDIENTI PER 2 PERSONE
- 2 filetti di salmone da 150 gr ciascuno
- 12 pomodorini
- Qualche fogliolina di basilico
- 1 limone
- 1 rametto di rosmarino
- 1 rametto di Timo
- 1 cucchiaino di zucchero
- Olio d'oliva q.b.
- Sale q.b.

Per la salsa alla senape
- 4 cucchiai di senape
- 1 cucchiaino di olio di oliva
- 1 cucchiaio di yogurt bianco
- Paprika q.b.
- Sale q.b.

PREPARAZIONE

1. Iniziate la ricetta preparando i pomodori *confit*.
2. Lavate e tagliate i pomodorini in due, metteteli su carta forno in una teglia con basilico, zucchero, sale, olio e infornate a 180° per 30/40 minuti.
3. Procedete con il pulire e far marinare il filetto di salmone.
4. Il salmone deve essere già stato messo nell'abbattitore e tirato fuori qualche ora prima dal frigo.
5. Togliete la pelle e, se presenti eventuali lische, eliminatele con una pinzetta da pesce.
6. Lavatelo sotto l'acqua corrente e poi asciugatelo con carta assorbente.
7. Dopo averlo asciugato, tagliate il salmone a cubetti.
8. Lavate anche il rosmarino ed il timo e tritateli.
9. In una ciotola, preparate la marinatura del salmone
10. Mischiate il sale con lo zucchero, unite un cucchiaio di olio d'oliva, il trito di rosmarino e timo ed il pepe.
11. Mescolate la marinatura e passatela nei cubetti di salmone.
12. Lasciateli marinare per 20 minuti circa.
13. Mettete i vostri cubetti di salmone marinati direttamente in un sacchetto per sottovuoto
14. Sigillate il sacchetto e fate cuocere i cubetti di salmone a 70°C per 12 minuti circa.
15. Nel frattempo, i pomodori saranno pronti. Tirateli fuori dal forno e lasciate raffreddare.
16. Lasciate raffreddare anche i cubetti di salmone senza abbatterli.
17. Preparate la salsa alla senape, mescolando in una ciotolina la senape, lo yogurt, il cucchiaio di olio di oliva e la paprika.

18. Servite i cubetti di salmone accompagnati dai pomodori *confit* e la salsa alla senape.

CUBETTI DI SALMONE AL ROSMARINO CON CREMA DI YOGURT E AVOCADO

TEMPO DI PREPARAZIONE: 20 minuti + 20 minuti di marinatura
TEMPO DI COTTURA: 15 minuti
CALORIE: 460 a porzione
MACRONUTRIENTI: CARBOIDRATI 18 GR; PROTEINE 39 GR; GRASSI 18 GR

INGREDIENTI PER 2 PERSONE
- 2 Filetti di salmone da 150gr ciascuno
- 1 rametto di rosmarino
- 30 gr di zucchero
- 20 gr di sale
- Pepe nero q.b.

Per la crema di yogurt e avocado
- 1 avocado
- Il succo di mezza arancia
- 100 gr di yogurt greco
- 60 ml di olio di oliva
- Peperoncino q.b.

PREPARAZIONE
1. Iniziate la ricetta pulendo il filetto di salmone.
2. Il salmone deve essere già stato messo nell'abbattitore e tirato fuori qualche ora prima dal frigo.

3. Togliete la pelle e, se presenti eventuali lische, eliminatele con una pinzetta da pesce.
4. Lavatelo sotto l'acqua corrente e poi asciugatelo con carta assorbente.
5. Dopo averlo asciugato, tagliate il salmone a cubetti.
6. Lavate anche il rosmarino fresco.
7. In una ciotola, preparate la marinatura del salmone
8. Mischiate il sale con lo zucchero, unite un cucchiaio di olio d'oliva, il rosmarino e il pepe.
9. Mescolate la marinatura e passatela nei cubetti di salmone.
10. Lasciateli marinare per 20/25 minuti circa.
11. Mettete i vostri cubetti di salmone marinati direttamente in un sacchetto per sottovuoto
12. Sigillate il sacchetto e fate cuocere i cubetti di salmone a 62°C per 15 minuti circa.
13. Nel frattempo, preparata la crema di yogurt avocado.
14. Sbucciate l'avocado ed estraetene la polpa.
15. Frullate la polpa di avocado con il succo di mezza arancia, lo yogurt, l'olio, il sale ed un pizzico di peperoncino.
16. Frullate fino a quando non otterrete una crema lisca a compatta.
17. Trascorsi i 15 minuti di cottura a bassa temperatura, fateli abbattere un minuto in acqua e ghiaccio, dopodiché tirate fuori i cubetti di salmone.
18. Non c'è bisogno di saltarli in padella perché devono avere una consistenza morbida.
19. Servite i cubetti di salmone accompagnati con la crema di yogurt e avocado.

CROSTINI AI GAMBERI

TEMPO DI PREPARAZIONE: 15 minuti
TEMPO DI COTTURA: 15minuti
CALORIE: 158 a porzione
MACRONUTRIENTI: CARBOIDRATI: 11 GR; PROTEINE: 8 GR; GRASSI: 4 GR

INGREDIENTI PER 4 PERSONE

- 8 fette di pane per crostini rotondo
- 150 gr di code di gamberi
- 20 gr di maionese
- 30 ml di brandy
- La buccia di un limone
- 2 foglie di salvia
- Olio di oliva q.b.
- Sale e pepe q.b.

PREPARAZIONE

1. Iniziate con i, gamberi. Togliete, se ancora presente il filamento intestinale, poi lavateli, asciugateli e sgusciateli.
2. Prendete un sacchetto per il sottovuoto e mettete all'interno i gamberi.
3. Lavate e asciugate le foglie di salvia e mettetele nel sacchetto con i gamberi.
4. Lavate e asciugate la buccia di limone e mettetela assieme ai gamberi, aggiungete nel sacchetto anche il brandy, un po' di olio di oliva sale e pepe.
5. Aspirate l'aria, sigillate il sacchetto e fate cuocere nel bagno termico a 55° per 10 minuti.
6. Passato il tempo di cottura, togliete il sacchetto e mettete a raffreddare in acqua e ghiaccio.
7. Togliete i gamberi dal sacchetto e buttate tutto il resto.
8. Fate riscaldare in una padella un po' di olio di oliva e poi fate rosolare i gamberi per un paio di minuti.
9. Adesso tostate le rondelle di pane, mettetele in un grande piatto da portata, spalmatele con la maionese e mettete sopra ogni rondella i gamberi.
10. Spolverizzate la superficie dei gamberi con erba cipollina e grani di pepe rosa.

COCKTAIL DI GAMBERI

TEMPO DI PREPARAZIONE: 10 minuti
TEMPO DI COTTURA: 10minuti
CALORIE: 200 a porzione
MACRONUTRIENTI: CARBOIDRATI: 16 GR; PROTEINE: 21 GR; GRASSI: 5 GR

INGREDIENTI PER 4 PERSONE

- 400 gr di gamberetti già lavati e sgusciati
- 200 gr di maionese
- 60 gr di ketchup
- 2 limoni
- 1 cucchiaino di tabasco
- 2 foglie di alloro
- 2 foglie di salvia
- 8 foglie di lattuga

PREPARAZIONE

1. Iniziate la preparazione con i gamberi. Lavateli e asciugateli e poi metteteli dentro un sacchetto per il sottovuoto.
2. Lavate e asciugate uno dei limoni e poi tagliatelo a rondelle.
3. Lavate alloro e salvia.
4. Mettete all'interno del sacchetto anche le erbe aromatiche, le rondelle di limone, olio di oliva, sale e pepe.
5. Aspirate l'aria, sigillate il sacchetto e fate cuocere nel bagno termico a 55° per 10 minuti.
6. Nel frattempo che i gamberi cuociono, preparate la salsa rosa.
7. Mettete in una ciotola il ketchup, la maionese e il tabasco. Mescolate e amalgamate poi aggiungete il succo filtrato dell'altro limone.
8. Mescolate fino a quando il limone non è ben amalgamato alla salsa.
9. Lavate e asciugate bene le foglie di lattuga.

10. Mettetene 4 da parte e tritate le altre 4. Trasferite le lattughe tritate all'interno della ciotola con la salsa rosa.
11. Mescolate e amalgamate.
12. Nel frattempo, i gamberi saranno cotti. Togliete il sacchetto, e mettetelo a raffreddare in acqua e ghiaccio.
13. Togliete i gamberi dal sacchetto e buttate il resto. Trasferite i gamberi nella ciotola con la salsa rosa. Mescolate bene.
14. Mettete in una coppa le foglie di lattuga intere, mettete all'interno un po' di gamberi in maniera equa in tutte le coppe e poi trasferite in frigo fino a quando non è tempo di servirle.

Capitolo 3 – Ricette di primi

TAGLIATELLE CON PESCE SPADA POMODORINI E MELANZANE

TEMPO DI PREPARAZIONE: 30 minuti + 1 ora di riposo
TEMPO DI COTTURA: 60 minuti
CALORIE: 640 a porzione
MACRONUTRIENTI: CARBOIDRATI 62 GR; PROTEINE 22 GR; GRASSI 23 GR

INGREDIENTI PER 4 PERSONE
- 320 gr di tagliatelle
- 300 gr di pesce spada
- 1 bicchiere di vino bianco
- 1 melanzana grande
- 1 carota
- 1 cipolla
- 1 spicchio d'aglio
- 300 gr di pomodoro ciliegino
- 1 rametto di rosmarino già pulito
- 1 ciuffo di prezzemolo
- 1 foglia di salvia
- Olio di oliva q.b.
- Sale q.b.
- Pepe q.b.

PREPARAZIONE

1. Prendete il pesce spada, lavatelo, asciugatelo e mettetelo in una ciotola assieme al vino bianco.
2. Mettete il pesce a marinare in frigo per 1 ora.
3. Nel frattempo, lavate ed asciugate i pomodorini e poi tagliateli a metà.
4. Tagliate anche le melanzane a metà e mettetele a spurgare con il sale in una ciotola.
5. Butteranno così tutta l'acqua in eccesso.
6. Togliete le estremità alla carota, spellatela, lavatela, asciugatela e poi tritatela finemente.
7. Sbucciate la cipolla, lavatela asciugatela e tritatela finemente.
8. Sbucciate lo spicchio d'aglio, lavatelo, asciugatelo e tritatelo finemente.
9. Prendete salvia e prezzemolo, lavateli e poi tritateli.
10. Prendete il pesce spada, asciugatelo e poi spennellatelo con dell'olio di oliva.
11. Massaggiate l'intero pesce con sale e pepe.
12. Mettete il pesce nel sacchetto per il sottovuoto assieme alla carota, l'aglio, la cipolla, le erbe aromatiche e il rosmarino.
13. Aspirate l'aria, sigillate il sacchetto e mettete a cuocere a 55° per 20 minuti.
14. Appena il pesce spada sarà cotto, togliete il sacchetto dal contenitore e mettete a raffreddare in una ciotola con acqua e ghiaccio.
15. Aprite adesso il sacchetto e mettete da parte il pesce. Togliete la pelle esterna e tagliatelo a dadini.
16. Scolate il liquido, prendete le verdure e gli aromi rimasti.

—

17. A questo punto, sciacquate molto bene le melanzane, in modo da eliminare tutto il sale in eccesso.
18. Tagliatele a cubetti di piccola dimensione.
19. Scaldate una padella con olio oliva e mettete i cubetti di melanzane a friggere almeno per 15 minuti, o fino a quando non saranno ben cotte.
20. In un altro tegame mettete a scaldare un cucchiaio di olio di oliva e appena sarà caldo mettete a soffriggere le altre verdure per 2 minuti.
21. Aggiungete i pomodorini e fate cuocere per 5 minuti.
22. Alla fine, aggiungete i dadini di pesce spada, saltateli 2 minuti, aggiustate se necessario di sale e pepe e togliete dal fuoco.
23. Adesso passate alla preparazione della pasta.
24. Portate a bollore 3 litri di acqua in cui avrete messo anche un po' di sale.
25. Quando sarà giunta a bollore mettete le tagliatelle a cuocere seguendo i tempi di cottura indicati nella scatola.
26. Scolate le tagliatelle al dente.
27. Rimettete sul fuoco il tegame con il condimento, aggiungete anche le melanzane fritte.
28. Unite infine la pasta e amalgamate bene il tutto.
29. Irrorate con un filo di olio di oliva e servite la pasta ben calda.

PENNE ALLA BOLOGNESE

TEMPO DI PREPARAZIONE: 20 minuti
TEMPO DI COTTURA: due ore
CALORIE: 530 a porzione

MACRONUTRIENTI: CARBOIDRATI 58 GR; PROTEINE 20 GR; GRASSI 24 GR

INGREDIENTI PER 4 PERSONE

- 320 gr di penne rigate
- 1 piccola cipolla
- Sedano q.b.
- 1 carota piccola
- 500 gr di carne macinata mista (vitello e maiale)
- 100 ml di vino bianco
- 400 gr di passata di pomodoro
- 2 cucchiai di concentrato di pomodoro
- Olio di oliva q.b.
- Sale e pepe q.b.

PREPARZIONE

1. Iniziate la ricetta, preparando le verdure per il soffritto del ragù.
2. Sbucciate la cipolla, lavatela e asciugatela, dopodiché tritatela finemente.
3. Togliete i filamenti dal sedano, lavatelo, asciugatelo e poi tritate anch'esso finemente.
4. Togliete le estremità alla carota, lavatela, asciugatela e poi tritatela.
5. Nel frattempo, fate scaldare l'acqua in una pentola o impostate il vostro macchinario per CBT ad una temperatura di 61°C.
6. Mettete in una pentola due cucchiaini di olio di oliva e appena si sarà riscaldato mettete a soffriggere carota, sedano e cipolla.
7. Quando il soffritto sarà abbastanza dorato inserite nella pentola i due tipi di carne.

8. Fate soffriggere 2 minuti mescolando e poi sfumate il tutto con il vino.
9. Lasciate evaporare il vino e poi aggiungete il concentrato di pomodoro.
10. Mettete un po' di sale e pepe e continuate a mescolare.
11. Continuate a mescolare.
12. Appena il concentrato sarà ben amalgamato aggiungete la passata di pomodoro.
13. Amalgamate il tutto, aggiustate di sale e pepe se necessario, e spegnete il fuoco.
14. Lasciate raffreddare completamente il sugo.
15. Appena sarà freddo prendete un sacchetto per il sottovuoto e mettere il sugo all'interno.
16. Aspirate l'aria, sigillate il sacchetto e mettetelo nel bagno termico, facendo cuocere per 2 ore.
17. Quando saranno passate le due ore, togliete il sacchetto dal contenitore e mettete il tutto a raffreddare in acqua e ghiaccio.
18. Nel frattempo, preparate la pasta.
19. Mettete a bollire in una pentola 3 litri di acqua salata.
20. Appena sarà giunta a bollore aggiungete le penne e fatele cuocere per il tempo di cottura segnato nella scatola.
21. Scolate la pasta al dente.
22. Prendete una padella abbastanza ampia e mettete a riscaldare un po' di olio di oliva.
23. Mettete il ragù nella padella, fatelo riscaldare un paio di minuti e poi aggiungete le penne rigate.
24. Mescolate e amalgamate bene il tutto e servite la pasta ben calda cosparsa di parmigiano grattugiato.

PENNE CON RADICCHIO E RAGÙ D'ANATRA

TEMPO DI PREPARAZIONE: 15 minuti
TEMPO DI COTTURA: 4 ore e 20minuti
CALORIE: 610 a porzione
MACRONUTRIENTI: CARBOIDRATI 53 GR; PROTEINE 24 GR; GRASSI 22 GR

INGREDIENTI PER 4 PERSONE

- 320 gr di penne rigate
- 500 gr di polpa di anatra
- 1 carota
- 1 costa di sedano
- 1 cipolla
- 1 cesto di radicchio rosso

- 50 gr di pancetta
- Marsala q.b.
- 1 cucchiaio di concentrato di pomodoro
- 1 noce di burro
- Parmigiano grattugiato q.b.
- Sale e pepe q.b.

PREPARAZIONE

1. Fate preriscaldare l'acqua del vostro dispositivo per CBT o una pentola con acqua alla temperatura di 65°C.
2. Nel frattempo, lavate e mondate le verdure.
3. Tritare le verdure e fate soffriggere in una padella con la noce di burro.
4. Fatele cuocere fino a quando non iniziano ad ammorbidirsi.
5. Poi fatele raffreddare e mettete da parte.
6. Mettete a scaldare un'altra padella e tate dorare la carne e la pancetta a cubetti.
7. Sfumate il tutto con un poco di marsala caldo, regolate di sale e pepe e poi lasciate raffreddare anche la carne.
8. Inserite in un sacchetto per sottovuoto la carne con il trito di verdure, altro poco marsala e il concentrato di pomodoro.
9. Sigillate il sacchetto ed immergetelo nel bagno termico.
10. Lasciate cuocere per 4 ore circa.
11. Appena il tutto starà per terminare la cottura, fate lessare la pasta in abbondante acqua salata.
12. Lavate il radicchio rosso e tagliatelo a listarelle.
13. Fate rosolare il radicchio rosso in una padella con poco olio d'oliva.
14. Quando il ragù sarà cotto, potete tirarlo fuori dal sacchetto e unirlo al radicchio saltato.

15. Mescolate ed amalgamate bene il tutto.
16. Scolate le penne al dente e versatele sul ragù.
17. Aggiungete abbondante formaggio grattugiato.
18. Potete servire.

FUSILLI PANNA E GAMBERETTI ALLO ZAFFERANO

TEMPO DI PREPARAZIONE: 40 minuti
TEMPO DI COTTURA: 10 minuti
CALORIE: 580 a porzione
MACRONUTRIENTI: CARBOIDRATI 56 GR; PROTEINE 21 GR; GRASSI 20 GR

INGREDIENTI PER 4 PERSONE
- 320 gr di fusilli
- 400 gr di gamberetti
- 2 bustine di zafferano
- 120 ml di panna da cucina
- Una piccola cipolla
- Paprika q.b.
- 50 ml di vino bianco
- Sale e pepe q.b.
- Olio di oliva q.b.
- Un ciuffo di prezzemolo

PREPARAZIONE
1. Iniziate la ricetta con i gamberetti.
2. Pulite i gamberetti.
3. Lavateli, privateli della testa, e pulite le code togliendo anche il filamento nero, facendo una incisione sul dorso

con un coltello e aiutandovi, se necessario, con le pinzette da pesce.

4. Mettete le code di gamberetti a scolare su un colino per rimuove l'acqua in eccesso.
5. Mettete i gamberetti adesso in una ciotola, irrorateli con olio di oliva, aggiungete sale e pepe e una bustina di zafferano.
6. Amalgamate bene il tutto.
7. Prendete il pesce e mettetelo nel sacchetto del sottovuoto.
8. Inserite il contenitore nel bagno termico (in una pentola con acqua scaldata o nel vostro macchinario per CBT) e fate cuocere per 10 minuti a 59°C.
9. Togliete il sacchetto e fate raffreddare con acqua e ghiaccio.
10. Prendete la cipolla, sbucciatela, lavatela e poi tritatela finemente.
11. Mettete in un tegame un po' di olio di oliva e appena è caldo aggiungete la cipolla.
12. Fate rosolare un paio di minuti e poi aggiungete i gamberetti.
13. Sfumate con il vino, fate insaporire un paio di minuti e poi aggiungete la panna, l'altra bustina di zafferano e il pizzico di paprika.
14. Proseguite la cottura per altri 5 minuti e poi spegnete la fiamma.
15. Mettete a bollire 3 litri di acqua salata e, appena è in ebollizione, buttate i fusilli.
16. Fateli cuocere finché non saranno al dente.
17. Nel frattempo, lavate e tritate anche il prezzemolo.
18. Scolate la pasta e poi mettetela nel tegame con il pesce.

19. Mescolate per amalgamare bene la panna con i gamberetti
20. servite i fusilli ben caldi con una spolverata di prezzemolo fresco.

PACCHERI AL SUGO DI CALAMARI

TEMPO DI PREPARAZIONE: 35 minuti
TEMPO DI COTTURA: 40 minuti
CALORIE: 480 a porzione
MACRONUTRIENTI: CARBOIDRATI 48 GR; PROTEINE 22 GR; GRASSI 10GR

INGREDIENTI PER 2 PERSONE

- 150 gr di paccheri
- 300 gr di calamari
- 200 gr di pomodorini datterini
- 1 spicchio d'aglio
- 15 ml di vino bianco
- 1 ciuffo di prezzemolo
- Salvia q.b.
- Erba cipollina essiccata 1 cucchiaino
- Sale e pepe q.b.
- Olio di oliva q.b.

PREPARAZIONE

1. Iniziate la ricetta con la pulizia dei calamari.
2. Vanno prima sciacquati sotto acqua corrente, poi staccate la parte interne tirando il capo.
3. Da quest'ultimo eliminate la parte bianca con la cartilagine; dalla testa invece togliete gli occhi e il becco posto al centro.

---

4. Staccate la pelle, e poi sciacquateli nuovamente.
5. Lavate adesso anche la salvia e l'erba cipollina e poi asciugatele.
6. Insaporite i calamari con un po' di olio di oliva, sale e pepe.
7. Adesso potete mettere i calamari nel sacchetto del sottovuoto.
8. State attenti a non sovrapporli ed aggiungete la salvia e l'erba cipollina.
9. Aspirate l'aria, sigillate il sacchetto e mettete a cuocere i calamari in acqua scaldata a 65° per 20 minuti.
10. Passato il tempo di cottura togliete il sacchetto e mettetelo a raffreddare in acqua e ghiaccio.
11. Quando i calamari saranno freddi, toglieteli dal sacchetto e tagliateli a forma di anellini.
12. Adesso potete passare alla preparazione dei paccheri.
13. Mettete a bollire, quindi, 3 litri di acqua salata.
14. Mentre l'acqua viene portata ad ebollizione, prendete un tegame e mettete un cucchiaio di olio di oliva.
15. Sbucciate e lavate l'aglio e mettetelo ad imbiondire nel tegame.
16. Aggiungete i calamari e sfumate con il vino per 3 minuti, poi aggiungete i pomodorini.
17. Aggiungete un pizzico di sale, uno di peperoncino e mescolate bene il tutto.
18. Fate cuocere per 5 minuti e poi spegnete il fuoco.
19. Mettete adesso nell'acqua bollente la pasta facendola cuocere seguendo i tempi di cottura riportati nella confezione.
20. Scolate la pasta quando sarà al dente.
21. Inseritela nel tegame con i calamari.
22. Mescolate e amalgamate bene il tutto.

23. Potete servire i paccheri col sugo di calamari cosparsi di prezzemolo tritato.

SPAGHETTI AL SUGO DI ARAGOSTA

TEMPO DI PREPARAZIONE: 40 minuti
TEMPO DI COTTURA: 40 minuti
CALORIE: 520 a porzione
MACRONUTRIENTI: CARBOIDRATI 56 GR; PROTEINE 27 GR; GRASSI 8 GR

INGREDIENTI PER 4 PERSONE

- 320 gr di spaghetti
- Due code di aragosta
- Erba cipollina q.b.
- La scorza di un limone
- ½ cipolla
- 600 gr di passata di pomodoro
- Una noce di burro
- 1 spicchio d'aglio
- 1 ciuffo di prezzemolo
- Vino bianco q.b.
- Sale e pepe q.b.
- Olio di oliva q.b.

PREPARAZIONE

1. Iniziate la preparazione con la coda dell'aragosta.
2. Pulite bene eliminando ogni residuo di sabbia o filamenti intestinali.

3. Sciacquatela ripetutamente sotto acqua corrente e poi asciugatela.
4. Lavate i fili di erba cipollina e tritateli finemente.
5. Lavate la scorza di limone e asciugatela.
6. In una ciotola mescolate assieme un po' di sale e pepe.
7. Spennellate la coda dell'aragosta con un po' di olio di oliva e poi cospargetela per tutta la superficie con il mix di sale e pepe.
8. Prendete una busta per il sottovuoto e mettete al suo interno la coda di aragosta, la buccia di limone e l'erba cipollina.
9. Aspirate l'aria e sigillate bene il sacchetto.
10. Immergete la ciotola nel contenitore per la cottura a bagnomaria, impostate il roner a 62°C e fate cuocere per un'ora.
11. Mentre il pesce si cuoce sbucciate la cipolla, lavatela e poi tritatela finemente.
12. Sbucciate e lavate l'aglio.
13. Lavate e asciugate il prezzemolo e poi tritatelo finemente
14. Quando la cottura dell'aragosta sarà terminata togliete il sacchetto dal bagnomaria.
15. Mettete l'aragosta a raffreddare con acqua e ghiaccio, poi aprite il sacchetto e in una ciotola filtrate il liquido che si è formato all'interno.
16. Togliete il guscio dell'aragosta e mettetela da parte.
17. Mettete adesso, in un tegame a riscaldare un cucchiaio di olio.
18. Mettete a soffriggere sia l'aglio che la cipolla.
19. Quando l'aglio sarà ben dorato toglietelo dal tegame e aggiungete l'aragosta.
20. Fate saltare il pesce un paio di minuti, sfumate con il vino bianco e fate cuocere per altri 2 minuti.

---

21. Aggiungete la passata di pomodoro, regolate di sale e pepe e fate cuocere per altri 5 minuti.
22. Togliete le code di aragosta dal sugo e mettetele in un piatto da pare, e fate finire di cuocere il sugo per altri 15 minuti.
23. Preparate adesso gli spaghetti.
24. Mettete a bollire 3 litri di acqua salata. Giunta a bollore versate gli spaghetti e fateli cuocere al dente.
25. Scolateli e versateli nel tegame con il sugo. Mescolate per amalgamare bene il tutto e poi distribuite la pasta in piatti individuali.
26. Mettete dei pezzetti di coda di aragosta su ogni piatto e servite cosparsi di prezzemolo tritato.

SPAGHETTI ALLA CARBONARA

TEMPO DI PREPARAZIONE: 30 minuti

TEMPO DI COTTURA: 24 ore per il guanciale + 1 ora e mezza crema uova

CALORIE: 560 a porzione

MACRONUTRIENTI: CARBOIDRATI 60 GR; PROTEINE 18 GR; GRASSI 22 GR

INGREDIENTI PER 4 PERSONE

- 400 gr di spaghetti
- 150 gr di guanciale stagionato
- 4 tuorli
- 20 g pecorino romano grattugiato
- 20 g parmigiano reggiano grattugiato
- 3 g amido di mais
- 3 g amido di riso

- Sale e pepe nero q.b.
- Olio d'oliva q.b.

PREPARAZIONE

1. Per prima cosa, occupatevi del guanciale.
2. Va preparato almeno un giorno prima che decidiate di cucinare la vostra carbonara.
3. Lavate il guanciale sotto l'acqua corrente.
4. Asciugatelo e separate la cotenna con un coltello ben affilato dandogli una forma squadrata.
5. Tenete da parte la cotenna e tutti i ritagli ottenuti dalla pulitura.
6. Adesso potete mettere il guanciale in un sacchetto per sottovuoto e sigillatelo.
7. Fatelo cuocere in acqua scaldata a 68°C per 24 ore, dopodiché fatelo abbattere a +3°C (in abbattitore oppure, immergendolo in acqua e ghiaccio per 30 minuti circa)
8. Aprite il sacchetto ed estraete un po' di sugo del guanciale formatosi all'interno del sacchetto per sottovuoto.
9. Tagliatelo, inoltre, a cubetti che serviranno per la carbonara.
10. Passate, nel momento di preparare la pasta, alla crema di uova e formaggio.
11. Unite tutti gli ingredienti (a parte gli spaghetti ed il guanciale) con un po' di sugo del guanciale in un bicchiere alto e, con un frullatore ad immersione frullate fino ad ottenere una crema.
12. Trasferite il composto in una grossa busta da cottura per sottovuoto, fate uscire tutta l'aria e sigillatela.

13. Adesso fate raffreddare la crema di uova in freezer fino che arrivi alla temperatura di 0°C.
14. Questo passaggio servirà per ottenere il sottovuoto perfetto.
15. Adesso, prendete 4 cubetti di guanciale e la crema alle uova e metteteli insieme nel sacchetto per sottovuoto.
16. Sigillate e fate cuocere a bagnomaria alla temperatura di 66°C per 1 ora e 30 minuti, mescolando il contenuto della busta ogni 15 minuti.
17. A fine cottura abbattete in acqua e ghiaccio.
18. Prendete, nel frattempo, gli altri cubetti di pancetta e fateli rosolare a fuoco dolce su tutti e lati.
19. Una volta rosolati lasciateli nella padella con il grasso che ha rilasciato.
20. Nel frattempo, mettete a bollire 3 litri d'acqua e, quando sarà ed ebollizione, fate cuocere gli spaghetti.
21. Quando la pasta sarà cotta al dente, scolatela bene, tenendo un po' di acqua di cottura da parte.
22. Unite la pasta nella padella con il grasso del guanciale e mescolatela bene, poi a fuoco spento aggiungete la giusta dose di salsa di carbonara, circa 50/60 gr (che sarà fredda, quindi non necessiterà di alcuna rigenerazione), e fatela mantecare a fuoco spento utilizzando solamente il calore della pasta e, se serve, aggiungete poca acqua di cottura.
23. Servite immediatamente con il guanciale rosolato, del pecorino grattugiato e una spolverata di pepe nero.

Capitolo 4 – Ricette di secondi

Secondi di carne

FARAONA CON ARANCE E RIBES

TEMPO DI PREPARAZIONE: 20minuti

TEMPO DI COTTURA:4 ore e 10 minuti

CALORIE:321a porzione

MACRONUTRIENTI: CARBOIDRATI: 22GR; PROTEINE: 37GR; GRASSI: 11 GR

INGREDIENTI PER 4 PERSONE

- 1 faraona intera
- 1 scalogno
- 1 carota
- 2 arance
- 100 gr di ribes
- 40 gr di zucchero

- 2 rametti di timo
- 2 foglie di alloro
- 2 foglie di salvia
- Sale e pepe q.b.
- Olio di oliva q.b.

PREPARAZIONE

1. Lavate e asciugate la faraona. Spennellate l'intera superficie con olio di oliva e poi spolverizzatela con sale e pepe.
2. Prendete un sacchetto per il sottovuoto e inserite la faraona.
3. Sbucciate, lavate e asciugate lo scalogno e poi tritatelo.
4. Spuntate, sbucciate, lavate e tagliate a rondelle la carota.
5. Lavate e asciugate timo, alloro e salvia.
6. Lavate e asciugate le arance e tagliatele a rondelle. Mettete da parte 12 rondelle che vi serviranno per la presentazione.
7. Mettete all'interno del sacchetto anche le erbe aromatiche, lo scalogno e l'arancia tagliata a rondelle.
8. Aspirate l'aria, sigillate il sacchetto e fate cuocere a 65° per 4 ore.
9. Passato il tempo di cottura estraete il sacchetto dal bagno termico e fate raffreddare con acqua e ghiaccio.
10. Togliete la faraona e filtrate il liquido di cottura.
11. Mettete la faraona in una teglia spennellata con olio di oliva, aggiungete il liquido di cottura filtrato e passatela in forno per 3-4 minuti a 180°, fino a quando cioè la pelle non sia bella dorata e croccante.
12. Nel frattempo, lavate e asciugate i ribes.
13. Togliete la faraona dal forno, tagliatela a pezzi.
14. Mettete 3 rondelle di arance in ogni Piatto, adagiate sopra la faraona e poi decorate cospargete il tutto con i ribes.

FARAONA RIPIENA

TEMPO DI PREPARAZIONE: 20 minuti
TEMPO DI COTTURA: 4ore e 10 minuti
CALORIE: 466 a porzione
MACRONUTRIENTI: CARBOIDRATI: 4 GR; PROTEINE: 67 GR; GRASSI: 19 GR

INGREDIENTI PER 4 PERSONE

- Una faraona intera da un chilo
- 1 cipolla
- 1 carota
- 100 gr di prosciutto crudo
- 1 spicchio d'aglio
- Una costa di sedano
- 2 rametti di timo
- 6 bacche di ginepro
- Olio di oliva q.b.
- Sale e pepe q.b.

PREPARAZIONE

1. Spuntate, sbucciate, lavate e tagliate la carota.
2. Sbucciate, lavate e asciugate l'aglio.
3. Sbucciate, lavate e asciugate la cipolla e poi tagliatela a pezzi.
4. Togliete dal sedano i filamenti, lavatelo asciugatelo e tagliatelo a pezzi.
5. Prendete il bicchiere di un mixer e mettete all'interno aglio, cipolla, prosciutto crudo e sedano e frullateli per pochi istanti fino ad ottenere un composto omogeneo ma non eccessivamente sminuzzato.

6. Lavate e asciugate la faraona. Inserite all'interno il ripieno e legate le zampe con spago da cucina per non fare fuoriuscire il ripieno durante la cottura.
7. Aspirate l'aria, sigillate il sacchetto e fate cuocere a 65° per 4 ore.
8. Passato il tempo di cottura estraete il sacchetto dal bagno termico e fate raffreddare con acqua e ghiaccio.
9. Togliete la faraona e filtrate il liquido di cottura.
10. Mettete la faraona in una teglia spennellata con olio di oliva, aggiungete il liquido di cottura filtrato e passatela in forno per 3-4 minuti a 180°, fino a quando cioè la pelle non sia bella dorata e croccante.
11. Tagliate la faraona a fette e servite cosparsa con il fondo di cottura.

STINCO DI MAIALE CON MARSALA E NOCI

TEMPO DI PREPARAZIONE: 20minuti
TEMPO DI COTTURA: 48 ore
CALORIE: 525 a porzione
MACRONUTRIENTI: CARBOIDRATI: 7 GR; PROTEINE: 49 GR; GRASSI: 35GR

INGREDIENTI PER 4 PERSONE
- Uno stinco di maiale da un chilo
- 1 carota
- 1 costa di sedano
- 1 scalogno
- 60 gr di noci sgusciate

- 200 ml di panna da cucina
- 2 rametti di rosmarino
- 3 foglie di salvia
- Uno spicchio d'aglio
- 50 ml di marsala
- Olio di oliva q.b.
- Sale e pepe q.b.

PREPARAZIONE

1. Iniziate la preparazione con la carne. Lavate e asciugate la carne.
2. Mettete in una ciotola un cucchiaio di marsala e 2 cucchiai di olio di oliva e mescolate.
3. Spennellate con l'emulsione l'intera carne e poi massaggiatela con sale e pepe.
4. Prendete un sacchetto per il sottovuoto e mettete all'interno lo stinco.
5. Spuntate la carota e poi sbucciatela. Lavatela, asciugatela e poi tagliatela a rondelle.
6. Mondate la costa di sedano e poi tagliatela a fettine.
7. Sbucciate e lavate lo scalogno e poi tagliatelo a rondelle.
8. Lavate e asciugate salvia e rosmarino.
9. Mettete dentro al sacchetto le verdure e le erbe aromatiche, aspirate l'aria e sigillate il sacchetto.
10. Mettete il sacchetto nel bagno termico e fate cuocere a 69 ° per 48 ore.
11. Passato il tempo di cottura togliete il sacchetto e mettetelo a raffreddare in una ciotola con acqua e ghiaccio.
12. Togliete la carne dal sacchetto e filtrate il liquido di cottura.

13. Spennellate una teglia e mettete lo stinco in forno a cuocere per 10 minuti a 200°.
14. Nel frattempo, prendete una padella e fate riscaldare un filo di olio di oliva. Tostate per un paio di minuti le noci e poi aggiungete il fondo di cottura filtrato.
15. Quando si sarà ridotto della metà aggiungete la panna da cucina fate insaporire per un paio di minuti, poi spegnete e con un frullato ad immersione frullate il tutto.
16. Togliete lo stinco dal forno, tagliate la carne a pezzettini e servite in piatti individuali e cosparsa con il sugo alle noci.

FILETTO DI MAIALE AL PEPE VERDE E PORRI

TEMPO DI PREPARAZIONE: 20 minuti
TEMPO DI COTTURA: 2 ore
CALORIE: 388 a porzione
MACRONUTRIENTI: CARBOIDRATI: 10GR; PROTEINE: 49 GR; GRASSI: 7 GR

INGREDIENTI PER 4 PERSONE
- 4 filetti di maiale da 120 gr ciascuno
- 40 ml di vino bianco
- 2 rametti di rosmarino
- 4 foglie di salvia
- 4 foglie di alloro
- Pepe verde in grani q.b.
- Sale e pepe q.b.
- Olio di oliva q.b.
- 4 porri

PREPARAZIONE

1. Lavate e asciugate i filetti di maiale e poi togliete, se presente il grasso in eccesso.

2. In una ciotola mescolate assieme 20 ml di vino e 20 ml di olio di oliva.

3. Spennellate l'intera superficie della carne con l'emulsione e poi spolverizzatela con sale e pepe.

4. Prendete due sacchetti per il sottovuoto e mettete due filetti per sacchetto senza sovrapporli.

5. Lavate e asciugate salvia, alloro e rosmarino e inseriteli in maniera equa nei due sacchetti con la carne.

6. Aggiungete anche il pepe verde nei sacchetti poi aspirate l'aria e sigillate i sacchetti.

7. Mettete il sacchetto nel bagno termico e fate cuocere a 57° per 2 ore.

8. Passato il tempo di cottura togliete i sacchetti e metteteli a raffreddare in una ciotola con acqua e ghiaccio.

9. Nel frattempo che la carne si raffredda pulite i porri. Togliete l'estremità e le foglie esterne più dure, lavateli, asciugateli e tagliateli a rondelle.

10. Prendete un tegame e mettete a riscaldare un po' di olio di oliva e appena sarà abbastanza caldo mettete i porri a saltare per due minuti. Sfumateli con il vino bianco, aggiustate di sale e pepe e dopo 5 minuti toglieteli dal fuoco.

11. Togliete la carne dal sacchetto e buttate tutto il resto.

12. Fate scaldare un po' di olio di oliva in un'altra padella e mettete a rosolare il filetto di maiale girandolo da entrambe i lati, fino a quando all'esterno non si sarà formata la crosta croccante.

---

13. Prendete dei piatti da portata individuali, mettete sul fondo i porri e sopra i porri adagiate il filetto. Servite ben caldo.

FILETTO DI MAIALE CARAMELLATO

TEMPO DI PREPARAZIONE: 30minuti
TEMPO DI COTTURA: 3 ore e 10 minuti
CALORIE:223 a porzione
MACRONUTRIENTI: CARBOIDRATI: 4GR; PROTEINE: 40 GR; GRASSI: 11 GR

INGREDIENTI PER 4 PERSONE
- Un filetto di maiale da 700 gr
- 2 cucchiai di miele
- 70 ml di salsa di soia
- 2 rametti di rosmarino
- 4 foglie di alloro
- La scorza di un limone già lavata
- 1 cucchiaino di zenzero grattugiato
- Pepe verde in grani q.b.
- Pepe rosa in grani q.b.
- Sale e pepe q.b.
- Olio di oliva q.b.

PREPARAZIONE
1. Lavate e asciugate il filetto di maiale e togliete il grasso in eccesso dalla carne.
2. Massaggiate l'intera superficie del filetto con sale e pepe.

3. In una ciotola mettete la salsa di soia, il miele e 3 cucchiai di olio di oliva. Mescolate bene per ottenere un'emulsione omogenea.
4. Spennellate l'intera superficie della carne con l'emulsione e mettete da parte quella che resta.
5. Prendete un sacchetto per il sottovuoto abbastanza grande per contenere la carne e mettete all'interno il filetto.
6. Lavate e asciugate alloro e rosmarino e mettetelo assieme al filetto.
7. Aggiungete all'interno anche la scorza di limone, il pepe rosa e quello verde poi aspirate l'aria e sigillate il sacchetto.
8. Mettete il sacchetto nel bagno termico e fate cuocere a 62° per 3 ore.
9. Passato il tempo di cottura togliete il sacchetto e mettetelo a raffreddare in una ciotola con acqua e ghiaccio.
10. Aprite il sacchetto, togliete la carne e buttate il liquido di cottura.
11. Prendete un tegame e mettete a riscaldare un po' di olio di oliva e appena sarà abbastanza caldo mettete il filetto a rosolare da tutti i lati fino a quando all'esterno non sarà ben caramellatati. Il tutto dovrebbe durare 5 minuti.
12. Togliete il filetto e mettete nella stessa padella l'emulsione con miele e salsa di soia che avevate messo da parte. Aggiungete lo zenzero e fate ridurre per un paio di minuti la salsa.
13. Appena si sarà ridotta, spegnete il fornello e mettete all'interno il filetto, rigiratelo un paio di minuti e poi mettetelo sul tagliere e tagliatelo a fettine.
14. Servite la carne cosparsa con il sughetto di miele e soia.

LONZA DI MAIALE IN AGRODOLCE

TEMPO DI PREPARAZIONE: 40 minuti
TEMPO DI COTTURA: 2 ore e 30 minuti
CALORIE: 322 a porzione
MACRONUTRIENTI: CARBOIDRATI: 35GR; PROTEINE: 38 GR; GRASSI:12 GR

INGREDIENTI PER 4 PERSONE

- 1 lonza di maiale da 600 gr
- 2 rametti di rosmarino
- 2 foglie di salvia
- 2 foglie di alloro
- 1 carota
- 1 peperone rosso
- 1 peperone giallo
- 1 scalogno
- 150 gr di polpa di ananas in scatola con tutto il liquido
- 200 gr di passata di pomodoro
- 100 gr di zucchero di canna
- 100 ml di aceto di mele
- 2 cucchiai di salsa di soia
- 2 cucchiai di amido di mais
- Sale e pepe q.b.
- Olio di oliva q.b.

PREPARAZIONE

1. Iniziate con il preparare la carne. Togliete l'eccesso di grasso, lavatela bene sotto acqua corrente e poi asciugatela.

49

2. Lavate e asciugate salvia, rosmarino e alloro.
3. Massaggiate l'intera superficie della carne con sale e pepe e poi spennellatela con olio di oliva.
4. Mettete la carne in un sacchetto per il sottovuoto e aggiungete le erbe aromatiche.
5. Aspirate l'aria e sigillate il sacchetto.
6. Fate cuocere nel bagno termico per 2 ore a 57°.
7. Mentre la carne si cuoce, preparate la salsa agrodolce e le verdure.
8. Spuntate la carota, sbucciatela, lavatela e poi tagliatela a strisce abbastanza sottili.
9. Togliete il picciolo, i semi e i filamenti bianchi ai peperoni, lavateli e asciugateli e poi tagliateli a falde.
10. Sbucciate, lavate e poi tagliate a fettine sottili lo scalogno.
11. In una padella antiaderente mettete a scaldare un po' di olio di oliva e appena caldo fate saltare per un minuto lo scalogno. Aggiungete la carota e i peperoni e fateli saltare a fuoco vivace per 5 minuti.
12. Tagliate la polpa di ananas a cubetti, filtrate il succo in una ciotola, e mettete i cubetti di ananas nella padella con le verdure.
13. Fate saltare per altri 4 minuti, in modo che le verdure risultino cotte ma ancora abbastanza croccanti.
14. Togliete le verdure dalla padella e nella stessa mettete adesso la passata di pomodoro.
15. Mescolate e poi aggiungete lo zucchero, la salsa di soia e l'aceto.
16. Continuate a mescolare, e aggiungete adesso il liquido dell'ananas filtrato.
17. Fate cuocere fino ad ebollizione.

18. Nel frattempo, fate sciogliere l'amido di mais in 200 ml di acqua fredda.
19. Quando il sugo sarà giunto ad ebollizione, aggiungete l'amido di mais e mescolate fino a quando il sugo non si sarà completamente addensato. Spegnete e tenete da parte.
20. Passato il tempo di cottura togliete il sacchetto con la carne dal bagnomaria e mettetelo a raffreddare in una ciotola con acqua e ghiaccio.
21. Aprite il sacchetto, togliete la carne e buttate il liquido di cottura.
22. Prendete un tegame e mettete a riscaldare un po' di olio di oliva e appena sarà abbastanza caldo mettete la lonza a rosolare da tutti i lati fino a quando all'esterno non sarà ben croccante.
23. Passate adesso la carne un paio di volte nella salsa e poi mettetela in un tagliere e tagliatela a fettine.
24. Servite la carne contornata con le verdure e abbondantemente cosparsa con la salsa agrodolce.

LONZA DI MAIALE ARROSTO CON CIPOLLE ALLA BIRRA

TEMPO DI PREPARAZIONE: 30 minuti
TEMPO DI COTTURA: 2 ore e 10 minuti
CALORIE: 304 a porzione
MACRONUTRIENTI: CARBOIDRATI: 11GR; PROTEINE: 38 GR; GRASSI: 10 GR

INGREDIENTI PER 4 PERSONE

- Una lonza di maiale da 700 gr
- 4 foglie di alloro
- 2 rametti di timo
- 8 bacche di ginepro
- 300 ml di birra chiara
- 3 cipolle
- Sale e pepe q.b.
- Olio di oliva q.b.

PREPARAZIONE

1. Iniziate la preparazione con la carne. Togliete l'eccesso di grasso, lavatela bene sotto acqua corrente e poi asciugatela.
2. Massaggiate l'intera superficie della carne con sale e pepe.
3. In una ciotola mescolate assieme 30 ml di birra e 2 cucchiai di olio di oliva.
4. Spennellate l'intera superficie della carne con l'emulsione e poi mettetela in un sacchetto per il sottovuoto.
5. Lavate e asciugate alloro e timo e poi aggiungeteli nel sacchetto.
6. Aggiungete le bacche di ginepro, aspirate l'aria e sigillate il sacchetto.
7. Fate cuocere nel bagno termico per 2 ore a 57°.
8. Nel frattempo, preparate le cipolle.
9. Sbucciatele, lavatele e asciugatele e poi tagliatele a rondelle.
10. Spennellate una pirofila con un po' di olio di oliva, mettete all'interno le cipolle e ricopritele con la birra.

11. Aggiustate di sale e pepe e fate caramellare le cipolle in forno a 150° per 30 minuti. Mescolate di tanto in tanto e controllate sempre la cottura prima di togliere dal forno.
12. Passato il tempo di cottura togliete il sacchetto con la carne dal bagnomaria e mettetelo a raffreddare in una ciotola con acqua e ghiaccio.
13. Aprite il sacchetto, togliete la carne e buttate il liquido di cottura.
14. Prendete un tegame e mettete a riscaldare un po' di olio di oliva. Appena sarà abbastanza caldo mettete la lonza a rosolare da tutti i lati fino a quando all'esterno non si sarà formata una crosticina croccante.
15. Mettete la carne in un tagliere e tagliatela a fettine.
16. Servite contornata con le cipolle alla birra e cosparsa con il liquido di cottura delle cipolle.

BRACIOLE DI MAIALE ALLA PAPRIKA

TEMPO DI PREPARAZIONE: 20 minuti
TEMPO DI COTTURA: 2 ore e 10 minuti
CALORIE:400 a porzione
MACRONUTRIENTI: CARBOIDRATI: 2GR; PROTEINE: 42 GR; GRASSI: 22 GR

INGREDIENTI PER 4 PERSONE
- 4 braciole di maiale da 200 gr ciascuna
- 1 spicchio d'aglio
- 1 scalogno
- 3 cucchiai di paprika dolce
- 2 cucchiai di paprika piccante

- 2 rametti di rosmarino
- 4 foglie di alloro
- 2 rametti di timo
- Olio di oliva q.b.
- Sale e pepe q.b.

PREPARAZIONE

1. Lavate e asciugate le braciole di maiale.
2. In una ciotola abbastanza capiente mescolate assieme i due tipi di paprika, sale e pepe.
3. Spennellate l'intera superficie delle costolette con olio di oliva e poi passatele nel mix alla paprika.
4. Prendete un sacchetto per il sottovuoto abbastanza grande e inserite all'interno le costolette una alla volta senza sovrapporle.
5. Lavate alloro, timo e rosmarino e inseriteli nel sacchetto.
6. Sbucciate, lavate e tritate lo scalogno e l'aglio e inseriteli nel sacchetto.
7. Aspirate l'aria e sigillate il sacchetto e mettete a cuocere a 57° per 2 ore.
8. Passato il tempo di cottura togliete il sacchetto con la carne dal bagnomaria e mettetelo a raffreddare in una ciotola con acqua e ghiaccio.
9. Aprite il sacchetto, togliete la carne e buttate il liquido di cottura.
10. Prendete un tegame e mettete a riscaldare un po' di olio di oliva.
11. Appena l'olio sarà abbastanza caldo mettete le braciole a rosolare da tutti i lati fino a quando all'esterno non si saranno ben caramellate.

12. Togliete dalla padella e servite ben calde.

FILETTO DI MAIALE ALL'ARANCIA E LIMONE

TEMPO DI PREPARAZIONE: 30 minuti
TEMPO DI COTTURA: 3ore e 30 minuti
CALORIE: 211 a porzione
MACRONUTRIENTI: CARBOIDRATI: 10GR; PROTEINE: 33 GR; GRASSI: 5 GR

INGREDIENTI PER 4 PERSONE
- 1 filetto di maiale da 600 gr
- 2 arance
- 1 limone
- 2 rametti di timo
- 1 rametto di rosmarino
- 1 rametto di aneto

55

- Burro q.b.
- Sale e pepe q.b.
- Olio di oliva q.b.

PREPARAZIONE

1. Iniziate la preparazione lavando e asciugando il filetto di maiale. Togliete il grasso in eccesso dalla carne.
2. In una ciotola mescolate assieme 30 ml di vino e 30 ml di olio di oliva.
3. Spennellate l'intera superficie della carne con l'emulsione e poi spolverizzatela con sale e pepe.
4. Lavate asciugate arance e limone e poi togliete la buccia e tagliate la polpa a cubetti.
5. Prendete un sacchetto per il sottovuoto abbastanza grande e mettete all'interno il filetto di maiale e aggiungete le scorze di arancia e limone.
6. Lavate e asciugate timo, rosmarino e aneto e inseriteli nel sacchetto.
7. Aspirate l'aria, sigillate il sacchetto e fate cuocere nel bagno termico a 62° per 3 ore.
8. Passato il tempo di cottura togliete il sacchetto e mettetelo a raffreddare in una ciotola con acqua e ghiaccio.
9. Aprite il sacchetto, togliete la carne e filtrate il fondo di cottura.
10. Prendete un tegame e mettete a riscaldare un po' di olio di oliva.
11. Appena l'olio sarà abbastanza caldo mettete il filetto a rosolare da tutti i lati fino a quando all'esterno non si sarà formata una crosticina croccante.
12. Togliete la carne e mettetela su un tagliere.

13. Nella stessa padella mettete la polpa di arance e limoni che avevate messo da parte.
14. Fateli saltare un paio di minuti poi aggiungete il fondo di cottura della carne.
15. Fate restringere e poi spegnete il fuoco. Tritate tutto con un frullatore ad immersione e versate la salsa, che farete passare attraverso un colino, in una salsiera.
16. Tagliate la carne a fettine e servitela cosparsa con la salsa alle arance e limoni.

LONZA DI MAIALE IN CROSTA DI PISTACCHI

TEMPO DI PREPARAZIONE: 30minuti
TEMPO DI COTTURA: 2 ore e 30
CALORIE: 372 a porzione
MACRONUTRIENTI: CARBOIDRATI: 14GR; PROTEINE: 42 GR; GRASSI:16 GR

INGREDIENTI PER 4 PERSONE
- 1 filetto di lonza di maiale da 600 gr
- 60 gr di parmigiano grattugiato
- 50 gr di pangrattato
- 60 gr di granella di pistacchi
- 2 rametti di rosmarino
- 2 foglie di salvia
- 2 foglie di alloro
- Olio di oliva q.b.
- Sale e pepe q.b.
- Vino bianco q.b.

PREPARAZIONE

1. Iniziate la preparazione con la carne. Togliete l'eccesso di grasso, lavatela sotto acqua corrente e poi asciugatela.
2. Spennellate l'intera superficie della carne con olio di oliva e poi spolverizzatela con sale e pepe.
3. Prendete un sacchetto per il sottovuoto abbastanza grande e mettete all'interno la lonza di maiale.
4. Lavate e asciugate salvia, rosmarino e alloro e metteteli nel sacchetto con la carne.
5. Aggiungete nel sacchetto due cucchiai di vino bianco e poi aspirate l'aria.
6. Sigillate il sacchetto e fate cuocere nel bagno termico per 2 ore a 57°.
7. Passato il tempo di cottura togliete il sacchetto e mettetelo a raffreddare in una ciotola con acqua e ghiaccio.
8. Mentre la carne si raffredda mettete in una ciotola abbastanza grande il pangrattato, la granella di pistacchi e il parmigiano e mescolateli.
9. Aprite il sacchetto, togliete la carne e buttate il resto.
10. Passate la carne nella panatura e poi trasferitela in una padella dove avrete fatto riscaldare dell'olio di oliva.
11. Fate rosolare la lonza fino a quando la panatura non sarà ben dorata e croccante.
12. Trasferite la carne in un tagliere, affettatela e servite.

ARROSTO DI MAIALE ALLA MENTA

TEMPO DI PREPARAZIONE: 20 minuti
TEMPO DI COTTURA: 2 ore e 10 minuti
CALORIE: 371 a porzione

MACRONUTRIENTI: CARBOIDRATI: 2GR; PROTEINE: 41 GR; GRASSI: 22 GR

INGREDIENTI PER 4 PERSONE

- Una lonza di maiale da 700 gr
- 1 spicchio d'aglio
- 4 foglie di alloro
- 4 foglie di salvia
- 10 foglie di menta
- 10 bacche di ginepro
- Olio di oliva q.b.
- Sale e pepe q.b.
- Vino bianco q.b.

PREPARAZIONE

1. Lavate e asciugate la lonza e togliete il grasso in eccesso.
2. Massaggiate la carne con sale e pepe e poi spennellate l'intera superficie con olio di oliva.
3. Lavate e asciugate salvia, alloro e menta.
4. Sbucciate, lavate e asciugate l'aglio.
5. Prendete un sacchetto per il sottovuoto abbastanza grande e mettete all'interno la lonza.
6. Inserite le erbe aromatiche l'aglio e le bacche di ginepro all'interno del sacchetto.
7. Inserite anche due cucchiai di vino bianco, aspirate l'aria sigillate il sacchetto e fate cuocere nel bagno termico per 2 ore a 57°.
8. Passato il tempo di cottura togliete il sacchetto e mettetelo a raffreddare in una ciotola con acqua e ghiaccio.
9. Aprite il sacchetto, togliete la carne e buttate il resto.

10. Prendete una padella antiaderente e mettete a riscaldare un po' di olio di oliva.
11. Appena l'olio sarà abbastanza caldo mettete la lonza a rosolare da tutti i lati fino a quando all'esterno non si sarà formata una crosticina croccante.
12. Trasferite la carne in un tagliere, affettatela e servite.

STINCO DI MAIALE CON PERE E CONFETTURA DI CILIEGE

TEMPO DI PREPARAZIONE: 40 minuti
TEMPO DI COTTURA: 48 ore e 30 minuti
CALORIE: 475 a porzione
MACRONUTRIENTI: CARBOIDRATI: 42 GR; PROTEINE: 47 GR; GRASSI:15 GR

INGREDIENTI PER 4 PERSONE
- Uno stinco di maiale da 800 gr
- 4 foglie di alloro
- 2 rametti di aneto
- 6 bacche di ginepro
- 4 pere di medie dimensioni
- 1 spicchio d'aglio
- Confettura di ciliege 50 gr
- 40 gr di zucchero di canna
- Olio di oliva q.b.
- Sale e pepe q.b.
- Grappa q.b.

PREPARAZIONE

1. Lavate e asciugate con carta assorbente lo stinco di maiale.
2. Togliete l'eccesso di grasso e poi spennellate l'intera superficie della carne con un'emulsione fatta con olio di oliva e grappa.
3. Lavate e asciugate l'aneto e l'alloro.
4. Prendete un sacchetto per il sottovuoto abbastanza grande e metti all'interno lo stinco e aneto, alloro e ginepro.
5. Sbucciate, lavate e asciugate l'aglio e poi inseritelo nel sacchetto.
6. Aspirate l'aria e sigillate il sacchetto.
7. Mettete il sacchetto nel bagno termico e fate cuocere a 69 ° per 48 ore.
8. Preparate adesso le pere. Sbucciatele, tagliatele a metà, togliete il torsolo e i semi e poi lavatele e asciugatele.
9. Prendete un sacchetto per il sottovuoto e mettete all'interno le pere, lo zucchero e 2 cucchiai di grappa.
10. Sigillate il sacchetto, aspirate l'aria e mettete a cuocere nel bagnomaria per 1 ora a 83°.
11. Quando saranno pronte togliete il sacchetto e fatelo raffreddare in acqua e ghiaccio.
12. Appena saranno abbastanza fredde mettetele con tutto il sacchetto in frigo, fino a quando il maiale non sarà pronto.
13. Quando il maiale sarà giunto a fine cottura, togliete il sacchetto dal bagnomaria e abbattete la temperatura in acqua e ghiaccio.
14. Togliete la carne dal sacchetto e filtrate il liquido di cottura.
15. Spennellate una teglia e mettete lo stinco in forno a cuocere per 10 minuti a 200°.

—

16. Nel frattempo, prendete una padella e fate sciogliere una noce di burro. Appena si sarà sciolto mettete nella padella le pere con tutto il liquido di cottura. Fate saltare un paio di minuti poi aggiungete un po' di fondo di cottura del maiale e la confettura di ciliegie.
17. Fate restringere il sugo con le pere per un altro minuto e poi spegnete.
18. Togliete lo stinco dal forno, mettetelo in un tagliere e affettatelo.
19. Servite le fettine contornate con le pere e cosparse con il sugo alle ciliegie.

Secondi di uova

FRITTATA CLASSICA DI CIPOLLE

TEMPO DI PREPARAZIONE: 10 minuti
TEMPO DI COTTURA: 35 minuti
CALORIE: 165 Calorie a porzione
MACRONUTRIENTI: CARBOIDRATI: 12 GR PROTEINE:9 GR
GRASSI: 9 GR

INGREDIENTI PER 4 PERSONE

- 6 uova
- 2 cipolle
- 50 gr di parmigiano grattugiato
- 1 ciuffo di prezzemolo tritato
- sale e pepe q.b.
- olio di oliva q.b.

PREPARAZIONE

1. Sbucciate e lavate le cipolle, poi tagliatele a fettine.
2. In un tegame mettete a riscaldare un filo di olio di oliva. Appena sarà abbastanza caldo mettete a soffriggere la cipolla per 5 minuti.
3. Regolate di sale e pepe e spegnete il fornello.
4. In una ciotola sbattete le uova con sale e pepe. Poi aggiungete il parmigiano e il prezzemolo e continuate a sbattere.
5. Aggiungete adesso le cipolle, mescolate per amalgamare e poi trasferite il composto all'interno di un sacchetto per il sottovuoto.
6. Aspirate l'aria, sigillate il sacchetto e fate cuocere nel bagno termico a 75° per 30 minuti.
7. Ogni 5 minuti, prendete il sacchetto e massaggiatelo per garantire una cottura ancora più uniforme.

---

8. Quando il tempo di cottura sarà finito, togliete il sacchetto dal bagnomaria e mettete direttamente la frittata in un piatto da portata e servite.

Secondi di pesce

CAPESANTE ALLO ZENZERO CON SEMI DI SENAPE

TEMPO DI PREPARAZIONE: 15 minuti
TEMPO DI COTTURA: 30 minuti
CALORIE: 170 a porzione
MACRONUTRIENTI: CARBOIDRATI 6 GR; PROTEINE 26 GR; GRASSI 2GR

INGREDIENTI PER 2 PERSONE
- 8 capesante

- 40 gr di zenzero grattugiato
- 40 gr di semi di senape
- 10 gr di burro
- 1 spicchio d'aglio
- Olio d'oliva q.b.
- Sale e pepe q.b.

PREPARAZIONE

1. Per prima cosa, pulite e rimuovete le capesante dalla conchiglia.
2. Sciacquate e scolate bene.
3. Massaggiatele con l'olio d'oliva, il sale ed il pepe e inseritele direttamente nel sacchetto per sottovuoto con lo zenzero grattugiato fresco.
4. Fate cuocere le capesante in acqua scaldata a 55° C per 20 minuti.
5. Dopo il tempo stabilito, fatele abbattere un paio di minuti in acqua e ghiaccio, dopodiché togliete le capesante, asciugatele con della carta assorbente e fatele rosolare in una padella con burro e uno spicchio d'aglio.
6. Nel frattempo, fate cuocere i semi di senape con lo zucchero per 10 minuti.
7. Potete impiattare servendo le capesante con i semi di senape sparsi sopra.

CAPESANTE MARINATE AL MELOGRANO CON GRANELLA DI NOCCIOLE

TEMPO DI PREPARAZIONE: 30 minuti
TEMPO DI COTTURA: 12/15 minuti

CALORIE: 335 a porzione
MACRONUTRIENTI: CARBOIDRATI 13 GR; PROTEINE 32 GR; GRASSI 11 GR

INGREDIENTI PER 3 PERSONE

- 12 capesante
- 120 ml di succo di melograno
- ½ scalogno
- 150 ml di vino bianco
- la scorza di 1 limone
- 75 gr di nocciole
- Olio d'oliva q.b.
- Sale e pepe q.b.

PREPARAZIONE

1. Pulite e rimuovete le capesante dalla conchiglia.
2. Sciacquate e scolate bene.
3. Massaggiatele con l'olio d'oliva, il sale ed il pepe e inseritele direttamente nel sacchetto per sottovuoto assieme alla scorza di limone.
4. Sigillate il sacchetto e fatelo cuocere in acqua scaldata a 65°C per almeno 12 minuti.
5. Controllate sempre lo stato di cottura.
6. Nel frattempo, tritate finemente lo scalogno e passatelo in padella con un filo d'olio ed il vino bianco, dopodiché potete versare il succo di melograno, facendolo sfumare per qualche minuto.
7. Fate tostare le noccioline per qualche minuto in forno.
8. Dopodiché tritatele in pezzettini.

---

9. Quando le capesante saranno cotte, fatele abbattere un paio di minuti in acqua e ghiaccio.
10. Dopo averle abbattute, passatele in una padella calda con il succo di melograno.
11. Fatele insaporire per un paio di minuti.
12. Servite le capesante calde, con le noccioline spolverate sopra.

CAPESANTE CON POMODORI CONFIT E MAIONESE AL TONNO.

TEMPO DI PREPARAZIONE: 20 minuti + 20 minuti di marinatura
TEMPO DI COTTURA: 70 minuti
CALORIE: 360 a porzione
MACRONUTRIENTI: CARBOIDRATI 8 GR; PROTEINE 35 GR; GRASSI 14 GR

INGREDIENTI PER 3 PERSONE
Per le capesante
- 6 capesante (tenete da parte 2 conchiglie)
- 3 cucchiai di succo di limone
- 2 cucchiai di olio d'oliva
- Zenzero in polvere q.b.
- 1 cipollotto

Per i pomodori confit
- 16 pomodorini
- 1 fogliolina di basilico
- 1 cucchiaino di zucchero
- Sale q.b.
- 1 cucchiaio di olio d'oliva

per la maionese al tonno

- 2 tuorli
- 1 scatoletta di tonno al naturale (o con poco olio)
- 60 g di burro
- 2 cucchiai di limone
- scorza di limone grattugiata
- sale
- sale, pepe q.b.
- olio d'oliva q.b.

PREPARAZIONE

1. Iniziate la ricetta preparando i i pomodori *confit.*
2. Lavate e tagliate i pomodorini in due, metteteli su carta forno in una teglia con basilico, zucchero, sale, olio e infornate a 180° per 30/40 minuti.
3. Nel frattempo, passate alla preparazione del pesce.
4. Pulite e sciacquare le capesante, toglietele dalla conchiglia e inserirtele nel sacchetto per sottovuoto con l'olio, il limone e lo zenzero in polvere.
5. Sigillate il tutto e riponete in frigo a far marinare per 20 minuti.
6. Nel frattempo, preparate la maionese al tonno sbattendo in una ciotola i tuorli con il succo di limone e un pizzico di sale.
7. Allo stesso tempo, fate fondere, il burro in microonde e fatelo raffreddare.
8. Portate i tuorli sbattuti su una pentola con un po' d'acqua in leggera ebollizione aggiungete a poco a poco il burro fuso e fatelo amalgamare per bene.
9. Continuate a mescolare con una frusta fino a che la salsa non si sarà addensata.
10. Quando la salsa si sarà addensata e raffreddata, potete aggiungere il tonno sgocciolato.

11. Mescolate bene, e se necessario, passate il tutto in un mixer.
12. Riempite la pentola con acqua (o la vasca del vostro macchinario per la CBT) e portatela a 75°C.
13. Tirate fuori dal frigo i sacchetti con le capesante ad immergeteli nell'acqua facendo attenzione che non tocchi il fondo della pentola e lasciate cuocere per 35 minuti controllando la cottura spesso.
14. Nel frattempo, tirate fuori dal forno i pomodori e lasciateli raffreddare.
15. Trascorso il tempo di cottura delle capesante, tirate fuori il sacchetto dal bagno termico e lasciatelo abbattere due minuti in acqua e ghiaccio.
16. Passati i due minuti, aprite il sacchetto e filtrate il liquido di cottura delle capesante.
17. Lavate e affettate il cipollotto.
18. Versate questo stesso liquido in una padella calda, aggiungete un filo d'olio e fate saltare qualche minuto il cipollotto affettato.
19. regolate di sale e pepe e aggiungete anche le capesante e fate rosolare brevemente (pochi secondi) da un lato e dall'altro.
20. Servitele le capesante disposte in un piatto con il fondo di cottura, i cipollotti, i pomodori *confit* e la salsa.

TONNO IN SALSA AGRODOLCE E SEMI DI SESAMO

TEMPO DI PREPARAZIONE: 10 minuti + 30 minuti di marinatura
TEMPO DI COTTURA: 30 minuti
CALORIE: 320 a porzione
MACRONUTRIENTI: CARBOIDRATI 11 GR; PROTEINE 34 GR; GRASSI 6 GR

INGREDIENTI PER 2 PERSONE

- Due filetti di tonno da 150 gr circa ciascuno
- 50 ml di salsa di soia
- 25 ml di crema di aceto balsamico
- 25 ml di olio d'oliva
- 1 cucchiaio di vino bianco
- 1 cucchiaio di miele
- 30 gr di zenzero fresco
- 1 scalogno
- Sale e pepe q.b.
- Semi di sesamo bianchi q.b.

PREPARAZIONE

1. Per prima cosa, sciacquate sotto acqua fredda corrente i filetti di tonno che avete già fatto abbattere almeno un'ora in freezer.
2. Fate asciugare i filetti di tonno.
3. Nel frattempo, occupatevi dalla salsa agrodolce
4. Tagliate lo scalogno, e la radice di zenzero.
5. Mettete in una ciotola a salsa di soia, la crema di aceto balsamico, il miele, l'olio d'oliva, il pepe, lo scalogno e lo zenzero.
6. Immergete il tonno nella salsa e lasciatelo marinare per almeno 30 minuti.
7. Successivamente, mettere il filetto di tonno direttamente marinato in un sacchetto per sottovuoto.
8. Fate scaldare una pentola (o il macchinario per CBT) con acqua alla temperatura di 75° C.
9. Fate cuocere i filetti di tonno marinati per 15 minuti circa.

10. Una volta cotto il tonno, lasciatelo abbattere qualche minuto in acqua e ghiaccio.
11. Dopo averlo abbattuto, aprite la busta e filtrate la salsa che servirà di accompagnamento.
12. Passate il tonno un paio di minuti per lato in una padella con olio caldo, per fargli formare la crosticina.
13. Servite il tonno accompagnato dalla salsa agrodolce.
14. Spolverate, come tocco finale, i semi di sesamo bianchi sopra.

FILETTO DI TONNO CON CREMA ALLO ZAFFERANO E PISTACCHI

TEMPO DI PREPARAZIONE: 10 minuti + 10 minuti di marinatura
TEMPO DI COTTURA: 30 minuti
CALORIE: 360 a porzione
MACRONUTRIENTI: CARBOIDRATI 5 GR; PROTEINE 38 GR; GRASSI 16 GR

INGREDIENTI PER 2 PERSONE
- 300 gr di filetto di tonno
- una costa di sedano fresco
- 1 rametto di rosmarino
- una carota
- sale e pepe q.b.
- Burro q.b.

per la crema allo zafferano e pistacchi:
- 100 ml d panna da cucina
- Una bustina di zafferano
- 20 gr di granella di pistacchi

- olio di oliva q.b.
- sale e pepe q.b.

PREPARAZIONE

1. Per prima cosa, sciacquate sotto acqua fredda corrente i filetti di tonno che avete già fatto abbattere almeno un'ora in freezer.
2. Fate asciugare i filetti di tonno.
3. Lavate anche il rametto di rosmarino.
4. Lavate il sedano e la carota, Riduceteli a fettine sottili
5. Nel frattempo, fate scaldare una pentola (o il macchinario per CBT) con acqua alla temperatura di 75° C.
6. Preparate il sacchetto per il sottovuoto: disponetevi all'interno il filetto di tonno, aggiungete il sedano, la carota, il sale ed il pepe ed il rametto di rosmarino.
7. Sigillate il sacchetto
8. Fate cuocere i filetti di tonno con le verdure per 15 minuti circa.
9. Nel frattempo, preparate la crema allo zafferano e pistacchi.
10. Portate la panna ad ebollizione in un pentolino, spegnete il fuoco ed aggiungete lo zafferano ed i pistacchi tritati.
11. Coprite e lasciate riposare fino al momento di impiattare.
12. Una volta raggiunta la cottura, fate abbattere il tonno in acqua e ghiaccio per un paio di minuti.
13. Passati i due minuti, tirate fuori il tonno dal sacchetto.
14. Passate i filetti, in un tegame antiaderente con del burro in modo da formare la crosticina.
15. Disponete il tonno in un piatto e decorate con la salsa allo zafferano e pistacchi.

FILETTO DI TONNO CON CREMA AI FUNGHI SAPORITA

TEMPO DI PREPARAZIONE: 10 minuti + 10 minuti di marinatura

TEMPO DI COTTURA: 30 minuti

CALORIE: 410 a porzione

MACRONUTRIENTI: CARBOIDRATI 6 GR; PROTEINE 42 GR; GRASSI 18 GR

INGREDIENTI PER 2 PERSONE

- 300 gr di filetto di tonno
- Due fette di limone
- 1 rametto di rosmarino
- sale e pepe q.b.
- Burro q.b.

per la crema ai funghi saporita:

- 200 gr di funghi porcini
- 1 scalogno
- 250 ml di panna ai funghi
- Paprika q.b.
- Olio d'oliva q.b.
- Sale e pepe q.b.

PREPARAZIONE

1. Per prima cosa, sciacquate sotto acqua fredda corrente i filetti di tonno che avete già fatto abbattere almeno un'ora in freezer.
2. Fate asciugare i filetti di tonno.
3. Massaggiateli con sale e pepe.
4. Lavate anche il rametto di rosmarino.
5. Nel frattempo, fate scaldare una pentola (o il macchinario per CBT) con acqua alla temperatura di 75° C.

6. Preparate il sacchetto per il sottovuoto: disponetevi all'interno il filetto di tonno, il rametto di rosmarino e le due fettine di limone.
7. Sigillate il sacchetto
8. Fate cuocere i filetti di tonno con le verdure per 15 minuti circa.
9. Nel frattempo, preparate la crema ai funghi.
10. Togliete il terriccio e tagliate i funghi porcini, tagliate finemente lo scalogno e lasciateli rosolare con un filo di olio d'oliva in una padella calda.
11. Una volta che i funghi saranno cotti, aggiustate di sale e pepe, unite la paprika e la panna ai funghi e proseguite la cottura per altri 5 minuti.
12. Quando il tonno sarà cotto, lasciatelo abbattere un paio di minuti in acqua e ghiaccio.
13. Una volta abbattuti, tirate fuori dai sacchetti i filetti di tonno e asciugateli delicatamente con un po' di carta da cucina.
14. Metteteli su una padella ben calda sul lato della pelle per renderla croccante.
15. Fate cuocere per qualche minuto e servite il tonno caldo con la crema di funghi sopra.

FILETTI DI MERLUZZO CON CAROTE ZUCCHINE E PEPERONI

TEMPO DI PREPARAZIONE: 20 minuti
TEMPO DI COTTURA: 10 minuti pesce + 15 minuti verdure
CALORIE: 320 a porzione
MACRONUTRIENTI: CARBOIDRATI 15 GR; PROTEINE 34 GR; GRASSI 3 GR

INGREDIENTI PER 2 PERSONE

- 2 filetti di merluzzo da 150 gr circa
- 2 rametti di rosmarino
- Un pizzico di zenzero in polvere
- 2 carote
- 2 zucchine
- 1 peperone
- olio di oliva q.b.
- Sale pepe q.b.
- aglio in polvere q.b.

PREPARAZIONE

1. Per prima cosa preparate le verdure da accompagnamento per il nasello.
2. Le verdure e il pesce andranno, in questo caso, cotti separatamente.
3. Sbucciate le carote, lavate e mondate le zucchine, pulite il peperone rosso e privatelo dei semi.
4. Adesso tagliate tutte le verdure a quadretti (o a listarelle, se preferite)
5. Mettere le verdure in un sacchetto per sottovuoto.
6. Inseritele direttamente nel macchinario per CBT (o in una pentola con acqua calda che abbia raggiunto questa temperatura) a 72°C per 15 minuti circa.
7. Verificate sempre il grado di cottura delle verdure.
8. Trascorsi i 15minuti mettete il sacchetto sottovuoto con le verdure direttamente nel ghiaccio per bloccarne la cottura.
9. Nel frattempo, occupatevi del merluzzo.

10. Prendete i filetti di merluzzo, sciacquateli sotto acqua corrente e insaporito con olio, pepe, l'aglio in polvere ed il pizzico di zenzero in polvere.

11. Sigillateli in un sacchetto per sottovuoto e fateli cuocere nel macchinario per CBT (o la pentola con acqua calda) per 10 minuti a 70°C.

12. Passato questo tempo immergete immediatamente il sacchetto con il merluzzo in acqua e ghiaccio per bloccarne la cottura.

13. Trascorso il tempo di abbattitura, fate saltare il nasello in una padella ben calda con poco olio per un paio di minuti, in modo da far formare la cosiddetta "crosticina".

14. Nel frattempo, si saranno cotte anche le verdure.

15. Tirate fuori le verdure dal sacchetto e servitele insieme ai filetti di nasello.

MERLUZZO E ZUCCHINE CON SENAPE PICCANTE ALL' ARANCIA E CAPPERI

TEMPO DI PREPARAZIONE: 20 minuti
TEMPO DI COTTURA: 30 minuti
CALORIE: 330 a porzione
MACRONUTRIENTI: CARBOIDRATI 12 GR; PROTEINE 36 GR; GRASSI 4 GR

INGREDIENTI PER 4 PERSONE
- 600 gr di filetti di merluzzo
- 2 zucchine grandi
- Paprika q.b.
- La Scorza di 1 limone

- Olio d'oliva q.b.
- Sale e pepe q.b.

Per la senape piccante all'arancia:

- 200 gr di senape
- 3 gocce di tabasco
- succo di arancia
- capperi tritati

PREPARAZIONE

1. Per prima cosa, fate scaldare l'acqua in una pentola (o vasca per macchinario CBT) a 65°C.
2. Nel frattempo, lavate, sciacquate ed asciugate i filetti di merluzzo.
3. Adesso conditeli con un filo di olio e qualche pezzetto di agrume, poi massaggiateli con il sale ed il pepe.
4. Inseriteli direttamente in un sacchetto per sottovuoto, poi sigillate il sacchetto.
5. Non appena il bagno termico arriva a temperatura fate cuocere il merluzzo per 15 minuti circa.
6. Mentre il pesce cuoce e dopo averle accuratamente mondate e lavate, tagliate le zucchine e fatele insaporire in una padella con un filo di olio.
7. Regolate di sale e pepe.
8. Insapori tele ulteriormente con la paprika.
9. Quando le zucchine saranno cotte (circa in 10 minuti) spegnete la fiamma e mettete da parte.
10. Per preparare la senape piccante all'arancia, scolate e tritate i capperi, poi mescolate in una ciotola la senape, il succo d'arancia, le gocce di tabasco e un 1 cucchiaio di capperi tritati.

11. Lasciate riposare in frigo fino al momento di servire.
12. Quando il pesce sarà cotto, togliete il sacchetto dal bagnomaria ed immergetelo qualche minuto in acqua e ghiaccio.
13. Togliete il pesce dalla busta, dopo averlo abbattuto, tamponatelo e cercate di sfaldarlo delicatamente.
14. Sistemate le zucchine alla paprika direttamente su di un piatto.
15. Mettete accanto il merluzzo e condite il tutto con la senape all'arancia e capperi.

FILETTI DI MERLUZZO CON CARCIOFI E POMODORINI

TEMPO DI PREPARAZIONE: 20 minuti +15 minuti di marinatura
TEMPO DI COTTURA: 30 minuti
CALORIE: 410 a porzione
MACRONUTRIENTI: CARBOIDRATI 18 GR; PROTEINE 38 GR; GRASSI 5 GR

INGREDIENTI PER 3 PERSONE
- 500 gr di filetti di merluzzo
- 3 carciofi
- La scorza di mezzo limone
- 300 gr di Pomodorini
- Origano q.b.
- Erba cipollina essiccata q.b.
- Paprika q.b.
- Uno spicchio di aglio
- Olio d'oliva q.b.
- 50 ml di vino bianco
- Sale e pepe q.b.

PREPARAZIONE

1. Per prima cosa, fate scaldare l'acqua in una pentola (o vasca per macchinario CBT) a 65°C.
2. Nel frattempo, lavate, sciacquate ed asciugate i filetti di merluzzo.
3. Adesso preparate una marinatura con il vino bianco, la scorza di limone, l'olio, l'erba cipollina essiccata, la paprika, il sale ed il pepe.
4. Inserite direttamente il pesce con tutta la marinatura in un sacchetto per sottovuoto, poi sigillate il sacchetto.
5. Nel frattempo che l'acqua arriverà a temperatura lasciate marinare il pesce per 15 minuti circa.
6. Non appena il bagno termico arriverà a temperatura fate cuocere il merluzzo per 15 minuti circa.
7. Adesso passate ai carciofi.
8. Pulite i carciofi con un coltello con lama in ceramica.
9. Tagliatelo a lamelle spesse 5 mm e metteteli a bagno in acqua fredda con succo di limone.
10. Quando il pesce sarà cotto, fatelo raffreddare senza abbatterlo o toglierlo dalla busta.
11. Tagliate, nel frattempo, in due i pomodori, eliminate i semi e cospargerli di sale per far perdere l'acqua in eccesso.
12. In una padella larga fate soffriggere a fuoco bassissimo l'aglio con l'olio
13. Togliete l'aglio, alzate il fuoco e fate cuocere i carciofi facendoli saltare in padella.
14. Sfumate con pochissimo vino, e quando i carciofi saranno cotti, aggiungete pure i pomodori e fate saltare ancora per due minuti; i pomodori non devono cuocere.

15. Regolate di sale e pepe ed aggiungete, infine, un po' di origano.
16. Spegnete il fuoco, ed impiattate le verdure direttamente su un piatto da portata.
17. Appoggiate i filetti di merluzzo sopra le verdure, pepate e coprite lasciando riposare per alcuni minuti per far riscaldare il pesce sulle verdure.
18. Servire il piatto caldo con un filo di olio d'oliva a crudo ed una spolverata di prezzemolo (facoltativo).

DENTICE MORBIDO CON INSALATA DI RADICCHIO E GRANELLA DI NOCI

TEMPO DI PREPARAZIONE: 20 minuti
TEMPO DI COTTURA: 20 minuti
CALORIE: 280 a porzione
MACRONUTRIENTI: CARBOIDRATI 4 GR; PROTEINE 21 GR;

GRASSI 9 GR

INGREDIENTI PER 4 PERSONE

- un dentice da 500 gr circa
- un rametto di rosmarino
- 1 spicchio d'aglio
- un rametto di timo
- una fettina di limone
- un cespo di radicchio
- granella di noci q.b.
- olio d' oliva q.b.
- sale e pepe q.b.
- aceto di mele q.b.
- un ciuffo di prezzemolo

PREPARAZIONE

1. Per prima cosa, fate scaldare l'acqua in una pentola, o nel vostro macchinario per CBT, alla temperatura di 62°C.
2. Passate alla pulizia del pesce.
3. Lavate ed eviscerate il dentice.
4. Squamatelo e lavatelo accuratamente.
5. Lavate anche i rametti di rosmarino e di timo, e tritateli insieme finemente.
6. Massaggiate il pesce con sale pepe ed il mix di rosmarino e timo tritati.
7. Mettete il dentice direttamente nel sacchetto per sottovuoto con due fette di limone ed un po' di olio d'oliva.
8. Sigillate il sacchetto e inseritelo nel bagno termico, facendolo cuocere per 20 minuti circa.
9. Il dentice dovrà essere cotto e molto morbido.

10. Quando mancano 5 minuti dalla cottura, preparate l'insalata di radicchio.
11. Lavate il radicchio e tagliatela a striscioline.
12. Condite la verdura in una ciotola con olio, sale e aceto di mele
13. Quando la cottura del pesce sarà terminata, aprite direttamente il sacchetto senza bisogno di abbattitura.
14. Tirate fuori il pesce e disponetelo su un tagliere.
15. Nel frattempo, lavate anche il prezzemolo.
16. Tagliatelo direttamente in 4 porzioni, profumate con il prezzemolo, e disponete ogni dentice in un piatto con l'insalata di radicchio.
17. Date una spolverata con le noci tritate e servite.

DENTICE ALLE MELE CON FINOCCHI ALL'ARANCIA E ALLA CURCUMA

TEMPO DI PREPARAZIONE: 25 minuti
TEMPO DI COTTURA: 10 minuti
CALORIE: 310 a porzione
MACRONUTRIENTI: CARBOIDRATI 14 GR; PROTEINE 21 GR; GRASSI 8 GR

INGREDIENTI PER 3 PERSONE
- Un dentice da 400 gr circa
- 2 mele
- 1 cipolla
- 4 finocchi
- 1 cucchiaino di curcuma
- 2 arance
- Olio d'oliva q.b.

- sale q.b.
- Pepe macinato al momento q.b.

PREPARAZIONE

1. Per prima cosa, private delle foglie e tagliate i finocchi, dopodiché affettateli.
2. Prendete una delle due arance e ricavatene delle fette.
3. Inserite i finocchi e l'arancia in un sacchetto e poneteli sottovuoto.
4. Aggiungete anche un filo d'olio ed il cucchiaino di curcuma.
5. Agitate bene il sacchetto per insaporire i finocchi.
6. Lasciate a marinare i finocchi, il tempo di preparare le mele ed il pesce.
7. Nel frattempo, passate alla pulizia del pesce.
8. Lavate ed eviscerate il dentice, dopodiché squamatelo e lavatelo accuratamente.
9. Lavate e sbucciate anche la mela e la cipolla.
10. Tagliate la mela a cubetti e la cipolla a pezzettini.
11. Trasferiteli in una padella scaldata con un filo d'olio.
12. Fate cuocere per pochi minuti e fino a quando saranno morbidi e regolate di sale.
13. Ricavate delle strisce dal filetto di dentice e mettetelo insieme al mix di mela e cipolla in un sacchetto per sottovuoto.
14. Impostate il dispositivo per la cottura sottovuoto, oppure una pentola con acqua, alla temperatura di 75°C;
15. Immergete nell'acqua sia il sacchetto con i finocchi, le arance e la curcuma, che quello contenete il pesce e le mele.

16. Lasciate cuocere entrambi per almeno 15 minuti.
17. Il pesce deve risultare morbido ed i finocchi cotti.
18. Quando gli ingredienti saranno pronti, lasciateli abbattere 3 minuti in acqua e ghiaccio
19. Nel frattempo, emulsionate in una ciotolina il succo dell'altra arancia con un cucchiaio d'olio e un pizzico di sale.
20. Tirate fuori sia il pesce che i finocchi e serviteli in un piatto da portata con l'emulsione all'arancia sparsa sopra.

FILETTO DI ORATA AL LIME E ZENZERO CON CREMA DI PISELLI E SCALOGNO

TEMPO DI PREPARAZIONE: 15 minuti + 12 ore di riposo
TEMPO DI COTTURA: 18 minuti
CALORIE: 300 a porzione
MACRONUTRIENTI: CARBOIDRATI 18 GR; PROTEINE 39 GR; GRASSI 18 GR

INGREDIENTI PER 2 PERSONE
- 2 filetti di orata da 150 gr ciascuno
- 1 pezzetto di radice di zenzero
- La scorza ed il succo di mezzo lime
- 2 cucchiai di olio d'oliva
- 70 ml di vino bianco
- Prezzemolo q.b.
- Sale e pepe q.b.

Per la crema di piselli
- 200 gr piselli
- 1 scalogno

- 100 ml di panna da cucina
- 1 mestolo di brodo vegetale
- Sale e pepe q.b.

PREPARAZIONE

1. Questa ricetta va preparata il giorno dopo, in quanto il pesce deve stare a marinare almeno per 12 ore.
2. Per prima cosa, preparate la marinatura al lime.
3. Lavate il prezzemolo e tritatelo finemente.
4. Mescolate insieme in una ciotola, il vino bianco, l'olio, il succo e la scorza grattugiata del lime, il sale, il pepe ed il prezzemolo tritato.
5. Passate alla pulizia del pesce.
6. Pulite il pesce, sventrando le orate, e sciacquandole sotto acqua corrente.
7. Dopodiché scolatele e asciugatele con della carta assorbente da cucina.
8. Inserite i filetti di orata, con la marinatura preparata prima, direttamente in un sacchetto per sottovuoto.
9. Lasciate riposare in frigo per almeno 12 ore.
10. Quando sarete pronti a cucinare le orate immergetele con tutto il sacchetto in un bagno termico scaldato alla temperatura di 62°C per 18 minuti.
11. Nel frattempo, preparate la crema di piselli di accompagnamento.
12. Lavate e tritate lo scalogno dopodiché, fate scaldare, in una pentola antiaderente un po' di olio di oliva.
13. Mettete a soffriggere lo scalogno per una trentina di secondi ed inserite i piselli.
14. Coprite con acqua e lasciate cuocere una decina di minuti.

15. Regolate di sale e pepe.
16. Inserite i piselli e lo scalogno direttamente nel mixer, aggiungete il brodo vegetale e la panna, e frullate finché non otterrete una crema densa e liscia.
17. Quando l'orata risulterà cotta, lasciatela abbattere un paio di minuti in acqua e ghiaccio.
18. Passati i due minuti, estraetela dal ghiaccio e dal sacchetto.
19. Impiattate le orate ancora calde con la crema di piselli e scalogno e qualche scorzetta di lime.

Capitolo 5 - Ricette di contorni

ASPARAGI IN AGRODOLCE

TEMPO DI PREPARAZIONE: 15 minuti
TEMPO DI COTTURA: 12 minuti
CALORIE: 80 a porzione
MACRONUTRIENTI: CARBOIDRATI:16 GR; PROTEINE: 3 GR;
GRASSI: 3 GR

INGREDIENTI PER 4 PERSONE

- 500 gr di asparagi verdi
- 40 ml di aceto balsamico
- 50 gr di zucchero di canna
- Uno spicchio d'aglio
- 2 foglie di salvia
- Sale e pepe q.b.
- Burro q.b.

PREPARAZIONE

1. Iniziate con il togliere le punte inferiori più dure agli asparagi. Spellateli lateralmente con un pelapatate e poi lavateli e asciugateli.
2. Lavate e asciugate la salvia.
3. Sbucciate e lavate lo spicchio d'aglio e poi asciugatelo.
4. Prendete un sacchetto per il sottovuoto e mettete all'interno gli asparagi.
5. Aggiungete l'aglio, il sale, il pepe, lo zucchero e l'aceto balsamico e 4 noci di burro.
6. Sbattete delicatamente il sacchetto, poi aspirate l'aria e sigillate il sacchetto.
7. Fate cuocere a 85° per 12 minuti.
8. Passato il tempo di cottura, togliete il sacchetto aprite e servite direttamente con tutto il liquido di cottura.

CARCIOFI CON AGLIO E PREZZEMOLO

TEMPO DI PREPARAZIONE: 40minuti

TEMPO DI COTTURA: 2 ore e 10minuti

CALORIE: 52 a porzione

MACRONUTRIENTI: CARBOIDRATI: 12 GR; PROTEINE: 4 GR; GRASSI: 2GR

INGREDIENTI PER 4 PERSONE

- 400 gr di carciofini
- 2 spicchi d'aglio
- Un ciuffo di prezzemolo
- 6 foglie di menta
- Un misurino di dado granulare vegetale

- Sale e pepe q.b.
- Olio di oliva q.b.
- Vino bianco q.b.

PREPARAZIONE

1. Pulite accuratamente i carciofini. Privateli del gambo e delle foglie esterne più dure. Eliminate pure le punte con le spine.
2. Adesso potete tagliarli a metà e poi ancora a metà.
3. Eliminate il fieno interno e le foglioline più piccole.
4. I carciofi, ormai ridotti in fette, andranno messi in una soluzione di acqua e succo di limone.
5. Nel frattempo, sbucciate gli spicchi d'aglio, lavateli e poi tritateli.
6. Lavate e asciugate prezzemolo e menta e poi tritateli finemente.
7. Asciugate adesso i carciofi e trasferiteli nel sacchetto per il sottovuoto. Aggiungete le erbe aromatiche e l'aglio, sale e pepe, 20 ml di vino bianco e 2 cucchiai di olio di oliva.
8. Aspirate l'aria, sigillate il sacchetto e mettete a cuocere nel bagno termico a 90° per 2 ore.
9. Finito il tempo di cottura togliete il sacchetto dal bagno termico.
10. Rimuovete i carciofi e metteteli a soffriggere, con tutto il liquido di cottura in una padella antiaderente con olio di oliva per 5 minuti.
11. Togliete dal fuoco e servite.

BARBABIETOLE CON SALSA ALLA SENAPE

TEMPO DI PREPARAZIONE: 20 minuti
TEMPO DI COTTURA: 1 ora
CALORIE: 42 a porzione
MACRONUTRIENTI: CARBOIDRATI: 3 GR; PROTEINE: 1 GR;
GRASSI: 3 GR

INGREDIENTI PER 4 PERSONE

- 2 barbabietole rosse
- 30 gr di senape forte
- 50 ml di panna da cucina
- 2 cucchiai di aceto di mele
- Sale e pepe q.b.
- Olio di oliva q.b.

PREPARAZIONE

1. Pelate le barbabietole. Lavatele sotto acqua corrente, asciugatele e poi tagliatele a rondelle.
2. Mettetele in un grande sacchetto per il sottovuoto, aggiungendo anche sale, pepe, olio di oliva e aceto di mele.
3. Aspirate l'aria, sigillate il sacchetto e mettete a cuocere nel bagno termico a 85° per un'ora.
4. Passato il tempo di cottura, togliete il sacchetto dal bagnomaria, fate leggermente raffreddare e poi apritelo e trasferite la barbabietola in un piatto.
5. Preparate adesso la salsa alla senape. In una ciotola mescolate assieme la senape, la panna, un cucchiaio di olio di oliva, sale e pepe.

6. Mescolate accuratamente in modo da ottenere una salsa omogenea.
7. Condite la barbabietola con la salsa alla senape e servite.

Capitolo 6 - Ricette vegetariane

Cubetti di melanzane al limone e basilico

TEMPO DI PREPARAZIONE: 10 minuti + 10 minuti di marinatura
TEMPO DI COTTURA: 40 minuti
CALORIE: 110 a porzione
MACRONUTRIENTI: CARBOIDRATI GR 9; PROTEINE 6 GR; GRASSI 4 GR

INGREDIENTI PER 2 PERSONE

- 300 gr di melanzane
- 20 ml di olio extravergine di oliva
- 4 foglie di basilico
- Sale e pepe q.b.
- 40 ml di succo di limone

PREPARAZIONE

1. Per prima cosa, lavate e tagliate le melanzane a cubetti.
2. Lavate anche le foglie di basilico.

3. Lasciate i cubetti ammollo per qualche minuto in acqua con un po' di sale
4. Scolate i cubetti di melanzane e metteteli a marinare dieci minuti con il succo di limone, l'olio d'oliva e il basilico.
5. Passati i dieci minuti scolate i cubetti di melanzane ed inseriteli in un sacchetto per sottovuoto.
6. Tenete la marinatura al limone e basilico da parte.
7. Sigillate il sacchetto e fate cuocere i cubetti di melanzane per 30 Minuti a 85° C.
8. Passata la mezz'ora lasciate abbattere il sacchetto in acqua e ghiaccio per qualche minuto.
9. Nel frattempo, scaldate una padella con olio d'oliva e, tirate fuori le melanzane dal sacchetto, inseritele nella padella.
10. Fate saltare 10 minuti con il succo della marinatura.
11. Servite i cubetti di melanzane ancora caldi.

Pomodori e melanzane al pesto

TEMPO DI PREPARAZIONE: 10 minuti
TEMPO DI COTTURA: 40 minuti
CALORIE: 150 a porzione
MACRONUTRIENTI: CARBOIDRATI GR 18; PROTEINE 5 GR; GRASSI 2 GR

INGREDIENTI PER 4 PERSONE
- 2 melanzane grandi
- 16 pomodorini
- Un pizzico di origano essiccato
- Un pizzico di zucchero

- 4 cucchiai di pesto alla genovese
- Olio d'oliva
- Sale e pepe q.b.

PREPARAZIONE

1. Per prima cosa, potete lavare e tagliare le melanzane a cubetti.
2. Lavate e tagliate anche i pomodorini a metà.
3. Insaporite i cubetti con sale e pepe.
4. Fate altrettanto con i pomodorini, aggiungendo un pizzico di origano e di zucchero.
5. Preriscaldate il forno a 75°C.
6. Mettete le melanzane e i pomodori in una teglia con carta forno.
7. Irrorate con olio d'oliva ed infornate almeno per 60 minuti.
8. Verificate sempre la cottura desiderata e, quando entrambi saranno cotti, tirateli fuori dal forno.
9. Servite ogni piatto con qualche cubetto di melanzana, 4 pomodorini e aggiungete con un cucchiaio sopra di essi un cucchiaio di pesto per ogni piatto.
10. Potete servire.

Broccoli e spinaci saltati all'aglio e spezie

TEMPO DI PREPARAZIONE: 20 minuti
TEMPO DI COTTURA: 45 minuti
CALORIE: 120 a porzione
MACRONUTRIENTI: CARBOIDRATI GR 9; PROTEINE10 GR; GRASSI 1 GR

INGREDIENTI PER 2 PERSONE

- 400 gr di broccolo
- 2 cucchiaini di mix di spezie
- 200 gr di spinaci già lessati
- Succo di limone q.b.
- Olio d'oliva q.b.
- Sale e pepe q.b.

PREPARAZIONE

1. Per prima cosa, fate scaldare il vostro dispositivo per CBT o l'acqua in una pentola a 80°C.
2. Passate alla pulizia del broccolo.
3. Togliete le foglie esterne, e prendete solo i fiori.
4. Tagliate i fiori e metteteli ammollo per 5 minuti con acqua e un po' di sale.
5. Inserite il broccolo in un sacchetto per sottovuoto insieme ad un filo di olio d'oliva, uno dei due cucchiaini di mix di spezie e un altro pizzico di sale e il pepe.
6. Quando l'acqua sarà arrivata alla temperatura prestabilita, immergete la busta e fate cuocere i fiori di broccolo per 45 minuti.
7. Nel frattempo, lavate e scolate gli spinaci freschi.
8. Lessate gli spinaci in acqua salata bollente per 5 minuti.
9. Appena pronti, scolate gli spinaci e mescolateli in un piatto fondo con l'altro cucchiaino di spezie, sale e poco succo di limone.
10. A cottura dei fiori di broccolo completata, rimuovete il sacchetto dall'acqua.

---

11. Lasciate abbattere il sacchetto qualche minuto con acqua e ghiaccio, dopodiché tirate fuori i broccoli e servite con gli spinaci al limone.

Capitolo 7 - Ricette vegane

INSALATA DI BARBABIETOLE SCIROPPATE CON TOFU E NOCI

TEMPO DI PREPARAZIONE: 10 minuti

TEMPO DI COTTURA: due ore

CALORIE: 120 a porzione

MACRONUTRIENTI: CARBOIDRATI GR 10; PROTEINE 7 GR; GRASSI 3 GR

INGREDIENTI PER 4 PERSONE

- 6 barbabietole
- 60 ml di crema di aceto balsamico
- 30 ml di sciroppo d'acero
- olio d'oliva q.b.
- Sale e pepe q.b.

- 100 gr di formaggio tofu
- 40 gr di noci tostate e tritate

PREPARAZIONE

1. Iniziate la ricetta preparando le barbabietole.
2. Pelate le barbabietole e lavatele.
3. Poi, tagliatele a fette di 1 centimetro.
4. Copritele con lo sciroppo d'acero, la crema di aceto balsamico e un po' di sale.
5. Inserite le barbabietole in un sacchetto per sottovuoto.
6. Sigillate il sacchetto e inseritelo in acqua scaldata a 75° C per due ore.
7. Verificate sempre la cottura.
8. Al termine, lasciatele riposare finché non diventano tiepide. Dovranno rimanere morbide.
9. Per finire, servite con un po' di olio d'oliva, le noci tostate, il formaggio tofu fatto a cubetti e lo sciroppo sopra sparso con un cucchiaio.

PEPERONATA CON POMODORINI

TEMPO DI PREPARAZIONE: 10 minuti
TEMPO DI COTTURA: due ore + 15 minuti (in padella, facoltativo)
CALORIE: 80 a porzione
MACRONUTRIENTI: CARBOIDRATI GR 10; PROTEINE 2 GR; GRASSI 1 GR

INGREDIENTI PER 4 PERSONE
- 1 peperone rosso
- 1 peperone giallo

- 16 pomodorini
- Mezzo scalogno
- Foglioline di basilico q.b.
- olio d'oliva q.b.
- sale e pepe q.b.

PREPARAZIONE

1. Per prima cosa impostate la temperatura del vostro macchinario per CBT (o una pentola con acqua calda) a 85° C.
2. Lavate con cura i peperoni e privateli dei semi, dopodiché tagliateli a listarelle.
3. Lavate e tritate anche lo scalogno.
4. Pulite i pomodori e tagliateli in due.
5. Inserite tutte le verdure così tagliate in un sacchetto per sottovuoto adatto alla cottura e aggiungete l'olio, il sale, il pepe e le foglioline di basilico lavate.
6. Sigillate bene il sacchetto.
7. Quando l'acqua ha raggiunto la temperatura stabilita, immergete in acqua il sacchetto con le verdure e lasciate cuocere a bagnomaria per 1 ora.
8. Terminata la cottura fate abbattere il sacchetto 3 minuti in acqua e ghiaccio.
9. Se lo ritenete necessario, procedete la cottura in padella per altri 15 minuti.
10. Servire i peperoni e i pomodori come contorno.

VASETTI DI CIPOLLA ROSSA IN AGRODOLCE

TEMPO DI PREPARAZIONE: 15 minuti

TEMPO DI COTTURA: 3 ore

CALORIE: 50 a porzione

MACRONUTRIENTI: CARBOIDRATI GR 9; PROTEINE 2 GR; GRASSI 1 GR

INGREDIENTI PER 4 PERSONE

- 500 gr di cipolla rossa di Tropea
- 80 ml di aceto balsamico
- 100 ml di olio d'oliva
- 40 gr di zucchero
- 12 gr di sale
- Pepe q.b.

PREPARAZIONE

1. Per prima cosa, sterilizzate tre vasetti che dovranno contenere le cipolle.
2. Mettete vasetti e tappi in una pentola capiente e copriteli di acqua.
3. Portate a bollore e lasciate sul fuoco per mezz'ora.
4. Spegnete e lasciate vasetti e tappi nell'acqua calda.
5. Togliete i primi due veli alle cipolle, poi affettatele sottilmente con la mandolina.
6. Mescolate in una ciotola le cipolle tagliate con l'olio d'oliva, l'aceto balsamico, lo zucchero, il sale e il pepe.
7. Lasciate marinare per almeno 10 minuti, dopodiché sistemate le cipolle in tre vasetti.
8. Distribuite gli ingredienti in tutti e tre i vasetti.
9. Sigillate i vasetti e inseritelo in acqua riscaldata a 90° per tre ore.

10. Dopo che la cipolla sarà cotta, lasciate riposare finché i vasetti non si saranno raffreddati.
11. Potete utilizzare la cipolla per le vostre ricette, ogni volta che lo desiderate.
12. Ricordate che una volta aperto il barattolo, di conservarlo in frigo.

Capitolo 8 - Ricette di desserts

PESCHE SCIROPPATE CON VINO MOSCATO

TEMPO DI PREPARAZIONE: 10 minuti

TEMPO DI COTTURA: 30 minuti

CALORIE :180 a porzione

MACRONUTRIENTI: CARBOIDRATI: 22 GR PROTEINE:1 GR
GRASSI: 1 GR

INGREDIENTI PER 4 PERSONE

- 6 pesche gialle
- 100 ml di vino moscato
- 100 gr di zucchero
- 1 cucchiaino di estratto di vaniglia

PREPARAZIONE

1. Sbucciate le pesche, tagliatele a metà, togliete il nocciolo e poi lavatele sotto acqua corrente e asciugatele.
2. Prendete un sacchetto per il sottovuoto e mettete all'interno le pesche.

3. Aggiungete lo zucchero, la vaniglia e il vino e massaggiate delicatamente la busta per insaporire meglio le pesche.
4. Aspirate l'aria dal sacchetto, sigillatelo e mettetelo a cuocere a bagnomaria per 30 minuti a 82°.
5. Passato il tempo di cottura togliete il sacchetto dal bagnomaria, estraete le pesche e servitele cosparse con il liquido di cottura.

MOUSSE DI FRAGOLE SCIROPPATE E MERINGA

TEMPO DI PREPARAZIONE: 20 minuti
TEMPO DI COTTURA: 40 minuti
CALORIE :508 a porzione
MACRONUTRIENTI: CARBOIDRATI: 64 GR PROTEINE: 8 GR
   GRASSI: 7 GR

INGREDIENTI PER 4 PERSONE
- 300 ml di panna fresca
- 600 gr di fragole
- 100 gr di zucchero semolato
- 3 fogli di gelatina alimentare
- 1 limone
- 4 grandi meringhe
- 4 piccole meringhe colorate
- 2 foglie di menta
- 1 cucchiaino di estratto di vaniglia
- 1 cucchiaino di cannella

PREPARAZIONE

1. Iniziate con le fragole. Lavatele e asciugatele e poi tagliatele a metà.
2. Prendete un sacchetto per il sottovuoto e mettete dentro le fragole, lo zucchero, il succo di limone filtrato, la menta, la cannella e la vaniglia.
3. Massaggiate delicatamente il sacchetto, aspirate l'aria, sigillate e fate cuocere a 83° per 40 minuti.
4. Quando siete a 10 minuti dalla fine di cottura delle fragole mettete la gelatina ammollo per 10 minuti.
5. Passato il tempo di cottura, togliete il sacchetto dal bagnomaria e trasferite l'intero contenuto nel bicchiere del mixer.
6. Frullate il tutto molto finemente.
7. Mettete in una casseruola la gelatina strizzata. Aggiungete due cucchiai di acqua e fatela sciogliere completamente.
8. Aggiungete adesso il frullato di fragole e mescolate di continuo con una frusta manuale.
9. Quando il composto risulterà ben denso e omogeneo, spegnete e tenete da parte.
10. Montate la panna a neve ferma e poi incorporatela delicatamente alla composta di fragole mescolando dal basso verso l'alto per non farla smontare.
11. Prendete 4 bicchieri. Mettete sul fondo di ogni bicchiere una meringa e poi coprite con la mousse alle fragole.
12. Mettete la mousse a riposare in frigo per un'ora e quando sarà pronta servitela con foglie di menta per decorazione e con le meringhe colorate.

MOUSSE ALLO YOGURT CON SALSA AI MIRTILLI ROSSI

TEMPO DI PREPARAZIONE: 20 minuti + 3 ore di riposo in frigo
TEMPO DI COTTURA: 60 minuti
CALORIE :360 a porzione
MACRONUTRIENTI: CARBOIDRATI:32 GR PROTEINE 14 GR
   GRASSI:13 GR

INGREDIENTI PER 4 PERSONE
- 300 gr di yogurt bianco
- 2 fogli di gelatina
- 80 gr di zucchero a velo
- 220 ml di panna fresca
- 100 gr di mirtilli

PREPARAZIONE
1. Mettete la gelatina in ammollo per 10 minuti.
2. In una ciotola mettete la panna e lo yogurt e mescolate con una frusta elettrica per amalgamare il tutto.
3. aggiungete lo zucchero a velo e continuate a mescolare.
4. Aggiungete la gelatina strizzata e mescolate per amalgamarla.
5. Prendete 4 vasetti per il sottovuoto e distribuite una quantità equa di composto in tutti e 4 i vasetti.
6. Chiudete i vasetti e metteteli a cuocere nel bagno termico per un'ora a 80°.
7. Passato il tempo di cottura mettete i vasetti a raffreddare su un canovaccio per 10 minuti.
8. Trasferite i vasetti in frigo e fate addensare per 3 ore.

9. Mezz'ora prima di togliere i vasetti dal frigo preparate la coulis di mirtilli.
10. Lavate e asciugate i mirtilli.
11. Prendete un pentolino e mettete a cuocere i lamponi con due cucchiai di zucchero e due bicchieri di acqua. Portate a bollore, mescolando spesso e poi spegnete.
12. Frullate con un mixer ad immersione e fate raffreddare.
13. Togliete il tappo ai vasetti e mettete sopra la mousse la coulis di mirtilli. Adesso potete servire.

MOUSSE AL CIOCCOLATO FONDENTE

TEMPO DI PREPARAZIONE: 30 minuti
TEMPO DI COTTURA: 30 minuti
CALORIE :340 a porzione
MACRONUTRIENTI: CARBOIDRATI: 28 GR PROTEINE:6 GR GRASSI: 19 GR

INGREDIENTI PER 4 PERSONE
- 200 gr di cioccolato fondente
- 250 ml di panna fresca
- 30 gr di zucchero
- 1 baccello di vaniglia

PREPARAZIONE
1. Tagliate il cioccolato fondente in pezzi piccoli e sottili.
2. In una ciotola mescolate assieme la panna e lo zucchero e quando si sarà completamente amalgamato aggiungete il cioccolato e la vaniglia.

3. Prendete 4 barattolini per il sottovuoto e distribuite equamente il prodotto in ogni barattolo.
4. Mettete i barattoli nel bagno termico e fate cuocere a 78° per un'ora.
5. Passato il tempo di cottura togliete i barattoli dal bagno termico e fateli raffreddare 10 minuti a temperatura ambiente.
6. Passati i 10 minuti trasferite i barattoli in frigo per un'ora.
7. Trascorso il tempo in frigo, prendete i barattoli, togliete il coperchio e servite direttamente nel barattolino.
8. Decorate la mousse con panna montata e cioccolato fondente tritato.

MOUSSE ZABAIONE E ZENZERO

TEMPO DI PREPARAZIONE: 20 minuti + 3 ore di riposo in frigo
TEMPO DI COTTURA: 60 minuti
CALORIE :230 a porzione
MACRONUTRIENTI: CARBOIDRATI:12 GR PROTEINE: 14 GR
   GRASSI:9 GR

INGREDIENTI PER 4 PERSONE
- 4 uova
- 100 gr di zucchero
- un cucchiaio di zenzero in polvere
- 30 ml di vin santo toscano
- Un pizzico di sale

PREPARAZIONE
1. Dividete i tuorli dagli albumi.

2. In una ciotola mettete i tuorli e lo zucchero e montateli con una frusta elettrica fino a quando non otterrete un composto gonfio e spumoso.
3. Aggiungete lo zenzero e il vin santo e continuate a sbattere fino a quando la crema non sarà compatta e omogenea.
4. In un'altra ciotola mettete gli albumi e un pizzico di sale e montateli a neve ferma.
5. Aggiungete gli albumi ai tuorli mescolando delicatamente con una spatola dal basso verso l'alto per non smontarli.
6. Prendete 4 barattolini adatti per la cottura in sous vide. Chiudete bene i tappi dei barattoli.
7. Versate la crema di uova in maniera equa in tutti i barattolini.
8. Prendete una pentola abbastanza capiente e mettete quasi fino all'orlo.
9. Impostate la temperatura a 80° e quando il bagno termico sarà giunto a temperatura, mettete all'interno i barattolini e fate cuocere per un'ora.
10. togliete i barattoli dal bagno termico, aiutandovi con una pinzetta per non scottarvi e metteteli su un canovaccio a raffreddare per 10 minuti.
11. Appena i barattoli saranno abbastanza freddi metteteli a riposare in frigo per 3 ore.
12. Passato il tempo di riposo togliete le mousse dal frigo, lasciate riposare 20 minuti a temperatura ambiente e servite direttamente nei vasetti contornati con panna montata e ciuffetti di cioccolato.

Conclusioni

In questo testo vi abbiamo fornito tutte le informazioni sul funzionamento della cucina a bassa temperatura, sul suo funzionamento e la strumentazione ideale, i pro e i contro, dei consigli utili per poterla impiegare al meglio ed infine molte ricette gustose che vanno dalla più semplice alla più complessa.

Avendo il quadro teorico e pratico completo, cosa si può dire in conclusione per la CBT?

In conclusione, si può dire che la cottura a bassa temperatura, ovvero la cottura sottovuoto a bassa temperatura o CBT, è un modo non nuovo, ma sconosciuto da molti, di preparare le pietanze in modo sano e leggero, mantenendo inalterati i nutrienti contenuti in esse.

Inoltre, la cucina *sous vide* si è rivela molto comoda in quanto, nonostante i lunghi tempi di cottura, non necessita di una presenza costante e di un continuo controllo.

Una volta impostati i tempi di cottura e la temperatura, che vanno comunque seguiti fedelmente, si può rivolgere l'attenzione ad altre cose fino a quanto il segnale acustico avverte che il tempo di cottura è terminato e la pietanza cotta è pronta per essere rifinita in padella, condita e servita.

Questa cucina quindi, da elitaria è passata dalla parte dei principianti, aiutandoli a preparare delle pietanze da *Chef,* senza complicarsi troppo la vita.

Milton Keynes UK
Ingram Content Group UK Ltd.
UKHW030957231024
449953UK00006B/57

9 781801 729314